A REPÚBLICA EM TRANSIÇÃO

RAYMUNDO FAORO

A REPÚBLICA EM TRANSIÇÃO

PODER E DIREITO NO COTIDIANO DA
DEMOCRATIZAÇÃO BRASILEIRA (1982 A 1988)

Organização de
Joaquim Falcão e
Paulo Augusto Franco

1ª edição

2018

CIP-BRASIL. CATALOGAÇÃO NA PUBLICAÇÃO
SINDICATO NACIONAL DOS EDITORES DE LIVROS, RJ

F223r

Faoro, Raymundo, 1925–2003
    A república em transição: poder e direito no cotidiano da democratização brasileira (1982 a 1988) / Raymundo Faoro; organização de Joaquim Falcão e Paulo Augusto Franco. – 1ª ed. – Rio de Janeiro: Record, 2018.

    ISBN 978-85-01-11168-5

    1. Ciência política – Brasil – Filosofia. 2. Brasil – Política e governo. I. Falcão, Joaquim. II. Alcântara, Paulo Augusto Franco de. III. Título.

17-46271

CDD: 320
CDU: 32

Copyright © Raymundo Faoro

Todos os direitos reservados. Proibida a reprodução, armazenamento ou transmissão de partes deste livro, através de quaisquer meios, sem prévia autorização por escrito.

Texto revisado segundo o novo Acordo Ortográfico da Língua Portuguesa.

Direitos exclusivos desta edição reservados pela
EDITORA RECORD LTDA.
Rua Argentina, 171 – Rio de Janeiro, RJ – 20921-380 – Tel.: (21) 2585-2000.

Impresso no Brasil

ISBN 978-85-01-11168-5

Seja um leitor preferencial Record.
Cadastre-se em www.record.com.br e receba informações sobre nossos lançamentos e nossas promoções.

Atendimento e venda direta ao leitor:
mdireto@record.com.br ou (21) 2585-2002.

Sumário

Construir instituições e depois inventar o povo, *de Joaquim Falcão*	**9**
Transição com aspas, *de Paulo Augusto Franco*	**21**
Apresentação: O que este livro é, *de Joaquim Falcão e* *Paulo Augusto Franco*	**31**

PARTE I — O "TEATRO DO PODER" E AS TRAMAS DO OCULTO
(1982–1984)

A verdade da economia e a verdade dos fatos	**37**
Irrespondível, mas não convincente?	**41**
A hora do lobo	**43**
O sorridente encalacrado	**45**
Um debate de ideologias	**47**
As profecias	**51**
Uma doença pertinaz	**53**
A gerência verbal da crise	**57**
A neblina do segredo	**61**
A ficção federativa	**63**
A galinha e o ovo	**67**

As crises contra a crise	69
A Casa Verde	71

PARTE II — A TRANSIÇÃO COM "T" MAIÚSCULO (1983–1985)

A visível e a invisível sucessão	75
O equilíbrio instável	79
A ameaça direta	81
As inseguranças da Lei	83
A caricatura do candidato	87
Adiar para esquecer	89
Uma sucessão carnavalesca	91
A fogueira dos líderes	95
Vinte anos depois	97
Uma receita autoritária	99
Ouvir estrelas	101
Entre o vácuo e o colapso do poder	103
As ambiguidades cultivadas	105
O justo preço	107
O colapso do poder	109
Saudade do golpe	111
A transição e o recurso da espada	113
A definição das ambiguidades	117

PARTE III — A CONSTITUINTE E A "TRANSIÇÃO IMAGINADA" (1985–1987)

A razão da Constituinte	123
Oposição, ma non troppo	131
A retórica dos lixeiros	133
A legitimidade e o slogan	135

Um país caminha entre o imaginário e o real	137
O inventário de "entulho"	139
Constituinte entre aspas	141
Um capítulo do anedotário republicano	147
O prato das elites	149
O charlatanismo constituinte	151
A hora da verdade	153
A coligação dominante	157
O tempo constituinte	159
Na véspera do carnaval	163
O carnaval continua	165
Um agosto adiado	169

PARTE IV — DEMOCRACIA, FICÇÃO E A "RETÓRICA DO DESTINO" (1986–1988)

E a "transição", que fim levou?	173
Ser ou não ser eleitor	175
A parte do leão	177
A classe e a consciência de classe	179
Os "coronéis" e o dinheiro	181
Corrupção e manipulação	183
O panorama visto da ponte	185
Uma controvérsia póstuma	187
Está chegando a hora	189
A traição dos governadores	191
Transição: fim ou realização?	193
O fato e a farsa	195
A "transição" passiva	197
A presidência sem presidente	201
Contra a conciliação — Entrevista a Maurício Dias	203

Construir instituições e depois inventar o povo[1]

Joaquim Falcão

Raymundo Faoro foi, desde sempre, agudo crítico da elite brasileira.

"A doutrina das elites — não o conceito — parte de um ponto de apoio: o poder está e se exerce pela minoria e não pela maioria."[2]

Crítico cortante.

"A astúcia nem sempre é a virtude essencial da política. No caso brasileiro, está mais próxima a uma perversão estrutural de nossa elite."[3]

Crítico do seu caráter antidemocrático. Do caráter concentrador das elites, includente e, ao mesmo tempo, excludente do poder.

"A reformulação política e jurídica, que devolva ao país a legitimidade e um regime de real participação popular, não depende da troca de homens ou partidos."[4]

---

[1] Agradeço a Laura Osório e Julia Cani pela grande contribuição nas pesquisas. A Helio Barros e Paulo Augusto Franco, pela leitura prévia e sugestões.
[2] "O prato das elites", 14/08/1985.
[3] "Constituinte entre aspas", 03/07/1985.
[4] "A galinha e o ovo", 13/04/1983.

Em 1987, a legitimidade perdida, ou pouco havida, do poder político, haveria de vir através de uma Constituinte de povo feita. Embora Faoro não tenha especificado sua democracia pretendida, somente uma Constituinte legítima nos conduziria a um regime de real participação popular. E a Constituição legítima somente sairia de uma Constituinte legítima. A que estava sendo planejada não era.

Seria, pois, a transição do autoritarismo para a democracia, o fim da política sem povo? Ou mera repaginação?

Os sete anos que este livro cobre, da transição do regime autoritário ao início do atual regime democrático, foram-lhe preciosos para testar sua interpretação do Brasil.

Neles, Faoro, no dizer de Richard Rorty, foi agente e observador ao mesmo tempo. Ação e reflexão concomitantes. Um privilégio da história para com ele. E vice-versa.

Presenciou e participou de momento paradigmático: a gênese de uma nova Constituição. A Constituição seria o retrato do regime. Quando "sai da obscuridade e da sombra o jogo de forças, que está na base do regime e do governo".[5]

Seus textos sempre foram mais além dos eventos de conjuntura que lhes deram origem. Reconhecia no jornalismo uma espécie de ativismo democrático.[6] Seus artigos foram canais condutores para a interpretação estamental e patrimonialista do Brasil. Por primeiro consolidada e fundamentada no clássico *Os donos do poder*.[7]

Entendeu a convocação da Constituinte como a arena principal onde o obscuro jogo, de forças obscuras, revelou-se. Onde se explicitaram disputas internas de um regime autoritário que, para não se esvair, acabou em abertura lenta, gradual e segura.

Optou por estar sempre fora do poder do Estado. Praticou sua crítica no âmbito da sociedade civil, jornalista influente, intelectual ativista. E presidente da Ordem dos Advogados do Brasil.

Optou por ser um estrategista das pressões democratizantes. Quando célebre se tornou, e líder se consolidou, no duro diálogo com o presidente

---

[5] "Um país caminha entre o imaginário e o real", 01/05/1985.
[6] FAORO, Raymundo. "Prefácio." In: FALCÃO NETO, Joaquim de Arruda. *A favor da democracia*. Pernambuco: Massangana; Bagaço, 2004.
[7] FAORO, Raymundo. *Os donos do poder: formação do patronato político brasileiro*. 3ª ed. São Paulo: Globo, 2001.

A REPÚBLICA EM TRANSIÇÃO

Geisel, pelo retorno do *habeas corpus*. Primeiro passo para a democratização que se avizinhava.

Ganhou.

Não aceitou qualquer colaboração com o governo, mesmo já encerrado o ciclo militar. Convidado por mim e José Paulo Cavalcanti Filho para integrar a Comissão Afonso Arinos de Estudos Constitucionais, encarregada pelo presidente Tancredo Neves de apresentar um esboço da nova Constituição e concretizada pelo presidente José Sarney, recusou.

Com altaneiro, gaúcho e sonoro não.

Protegia a Comissão Arinos: "era um comitê dos que sabem, para os que não sabem". Acreditava, porém, que ela serviria apenas de "aperitivo" a uma Constituinte congressual. E ele lhe era contrário.

O autoritarismo procurara inicialmente a legitimidade pela eficácia de seu projeto econômico e social, no dizer de Roberto Campos. Conseguiu por uns tempos. Mas fracassara no final. No dizer dos números da inflação e da concentração de renda.

Não adiantava mais o regime ter a aparência legal, sem deter a verdade legítima. Aquela, sem essa, é castelo de areia.

"Os dados numéricos [...] indicam a inflação [...] revelam o desemprego e o subemprego, as advertências recessivas [...] O diabo é que os fatos são teimosos [...]."[8]

Nesse contexto, Faoro entendia a democratização negociada, não como uma aproximação à democracia, à entrega do poder aos cidadãos. Mas resultante de interna rachadura do pacto patrimonialista dos militares, burocracia centralizadora, empresários subsidiados e setores do operariado industrial. Rachadura do pacto estamental.

Tornada visível e de alto e bom som anunciada por um dos líderes intelectuais dessa amálgama, o economista Eugênio Gudin.[9]

Dele dizia Faoro: "Um economista, identificado, por sua ortodoxia economicamente liberal, ao próprio diabo, em alguns círculos, e que, como o *tinhoso*, sabe muito por ser diabo e mais ainda por ser velho, contou, há

---

[8] "A verdade da economia e a verdade dos fatos", 10/03/1987.

[9] Economista brasileiro que ocupou o posto de ministro da Fazenda entre setembro de 1954 e abril de 1955. O ministro foi responsável, durante o governo de Café Filho, pela execução de uma política econômica baseada no corte ostensivo de despesas públicas e na contenção da expansão do crédito.

dias, nas comemorações dos seus 90 e tantos anos, que já o encontrou. [...] Explicou como atua, travestido em economista e dirigente político".[10]

"Uma regra que se eu", disse o sr. Eugênio Gudin, "citasse hoje poderia ser revogada amanhã por um simples decreto-lei. E força é dizer que o governo não faz cerimônias em expedir decretos."[11]

Mais tarde, o próprio Eugênio Gudin, nas comemorações de um prêmio empresarial que recebera, apontou a única solução possível para a rachadura econômica que se aprofundava: a porta de saída. Desfazer o pacto político. Os empresários foram saindo. Queixando-se da então estatização da economia: Telebras, Eletrobras, Embratur e tanto mais.

Faoro defendeu então uma Assembleia Nacional Constituinte originária, convocada não de cima para baixo, mas de baixo para cima. O que isso queria dizer?

Queria dizer que era contra a convocação de uma Constituinte através da carta autoritária de 1967 e 1969. Combatia como ilegítima a Constituinte congressual.

Onde partes da "mobília" que sobrou do regime autoritário, os senadores biônicos, lá se sentariam. Não como visitas de cerimônia, mas como coproprietários do futuro da casa: a nova constituição. Nasceria contaminada.

Onde, provavelmente, os congressistas-constituintes legislariam em causa própria.

Perdeu.

Ganhou a Constituinte convocada pelo presidente José Sarney. Mais pacífica. Mas Faoro receava que estivéssemos repetindo o conservador caminho.

"As cartas básicas da democracia, território virgem na nossa história, possibilitariam ao governo fazer, construir e fabricar as instituições, e depois inventar um povo para servi-lo e obedecer-lhe."[12]

A nova Constituição, isto é, a atual Constituição, seria apenas a reinvenção de instituições sem povo real? Um faz de conta político, temia.

Foi?

A ilegitimidade do regime já estava nas ruas. No desfazimento dos milagres econômicos. Nos porões, na tortura, nos gabinetes e nas bombas. No

---

[10] "A hora do lobo", 28/07/1982.
[11] Ibidem.
[12] "A razão da Constituinte", 09/01/1985.

A REPÚBLICA EM TRANSIÇÃO

Riocentro e na OAB.[13]. Nas fratricidas disputas entre militares de linha dura contra os de tendências democratizantes.

Com as lâminas cortantes de seu conhecimento histórico, indagava. Estaríamos, nessa abertura lenta, gradual e segura, apenas assistindo à troca de "capitães-gerais", dos "capitães-mores"? Uma mera troca de "sentinelas"? Insistia na tese de que não adiantava mudar homens e partidos. Era preciso desfazer as alianças do patrimonialismo de feições mutáveis na história, é verdade. Mas intermitente. Até hoje.

Não deve ter sido gratuita, essa menção que Faoro fez aos capitães-gerais e capitães-mores. Remete-nos ao passado matriz. Fácil perceber.

A nossa carta, ou a lei primeira, ou o primeiro documento organizador do Brasil, não foi uma constituição, mas um regimento. O Regimento de Tomé de Souza foi, *avant la lettre*, nossa primeira "Constituição". Outorgada, de cima para baixo, determinando, desde então, tudo o que uma moderna constituição tem. Ou deveria ter.

Tomé de Souza era governador-geral, mas também capitão-mor.

O Regimento outorgado pelo rei D. João III continha as tradicionais disposições de uma constituição — a organização do Estado, a defesa do território, a organização da produção, a política de preços, a administração da Justiça, o regime de propriedade, agricultura, os negócios da fazenda e por aí vamos.

Sobretudo dava como missão ao capitão-mor obter dos nativos, dos indígenas, sujeição e vassalagem. E fazer aliança com "os homens principais da terra".[14]

---

[13] Referência a dois episódios ocorridos, respectivamente, em 1981 e em 1980. No primeiro, ocorrido num Centro de Convenções localizado na Zona Oeste da cidade do Rio de Janeiro, durante o governo do presidente João Batista Figueiredo, uma bomba explodiu no interior de um carro, matando o sargento do Exército Guilherme Pereira do Rosário, de 35 anos, que a trazia no colo. Na ocasião realizava-se, no pátio do estacionamento do Riocentro, um show de música popular promovido pelo Centro Brasil Democrático (Cebrade) para comemorar o Dia do Trabalho. Em data anterior a esse evento, em agosto de 1980, uma carta-bomba foi explodida na sede da Ordem dos Advogados do Brasil (OAB). Durante o processo de instauração de um segundo inquérito, alguns indícios e declarações levaram a crer na existência de uma relação entre a bomba no Riocentro e a na OAB, bem como as que explodiram em diversas bancas de jornal pelo país em 1980 e 1981. Fonte: Verbetes, CPDOC/FGV.

[14] Artigo 19, do Regimento que levou Tomé de Souza a governador do Brasil. Almerim, 17/12/1548. Lisboa, AHU, códice 112, fls. 1–9.

"Em cada uma das ditas Capitanias praticareis, juntamente com o Capitão dela, e com o Provedor-mor de minha Fazenda, que convosco há-de-correr as ditas Capitanias, e, assim com o Ouvidor da tal Capitania e oficiais de minha Fazenda que nela houver, e alguns homens principais da terra, sobre a maneira que se terá na governança e segurança dela [...]".[15]

Eis claramente dito o pacto estamental que nos constituiu: a aliança do Estado com os homens principais da terra.

Um instrumento decisivo desta aliança não foi somente a defesa física do território. Foi sobretudo conceder o direito de propriedade: "dareis de sesmaria as terras [...] às pessoas que vo-las pedirem".[16]

Essa é a genética, a estratégia primeira e permanente do pacto patrimonialista. Combater os insatisfeitos nativos, a maioria, e dar patrimônio público aos "principais"[17] para sedimentar o poder. Prática repetida desde sempre, que continuará. As evidências são palpáveis.

Repetiu-se, por exemplo, em 1808, quando D. João VI se defende estrategicamente e com sucesso de Napoleão trazendo para o Brasil toda a corte, toda a nobreza, toda a burocracia portuguesa. E, mais do que isso, todos os hábitos, procedimentos, interesses corporativos da administração pública cartorial.

Em outras e contábeis palavras, D. João VI trouxera para o Brasil toda a despesa pública de Portugal. Deixou lá sua receita. Que, aliás, vinha sobretudo das colônias. Brasil na frente. Essa teve de ser reinventada, isto é, repactuada por aqui.

O que tinha D. João VI, sem país, sem receitas, a oferecer então? Como criar seu próprio pacto de sustentação, além da proteção dos ingleses?

Qualquer análise um pouco mais profunda vai logo identificar: o pacto estamental é sempre a fotografia do arranjo econômico de sustentação do poder.

Trouxe, é verdade, metade do Tesouro português. Mas foi-lhe insuficiente. Tomou empréstimo de 600 mil libras da Inglaterra, mas foi-lhe insuficiente.[18]

---

[15] Ibidem.

[16] Ibidem.

[17] Artigo 19, do Regimento que levou Tomé de Souza a governador do Brasil. Almerim, 17/12/1548. Lisboa, AHU, códice 112, fls. 1–9.

[18] GOMES, Laurentino. *1808: como uma rainha louca, um príncipe medroso e uma corte corrupta enganaram Napoleão e mudaram a história de Portugal e do Brasil*. São Paulo: Planeta do Brasil, 2007. p. 190.

A REPÚBLICA EM TRANSIÇÃO

Fazia saques antecipados dos impostos que as províncias tinham de pagar. Também insuficientes.[19]

Mas, dentro da tradição portuguesa, D. João VI podia "vender" títulos de nobreza. E, como Tomé de Souza, também doar títulos de direito de propriedade, distribuir aos "principais" da terra.[20]

Naquele momento, a elite econômica brasileira, basicamente agrária, e uns poucos comerciantes exportadores, transformam-se em proprietários latifundiários e barões de quase tudo.

Barão de Anajatuba, barão de Bambuí, visconde de Aramaré, visconde de Jurumirim, barão de Toripi, barão de Camaçari, barão do Passeio Público, barão de Itapororoca, sem falar no industrial barão de Mauá, por certo.[21] E dezenas de outros.

Foram os títulos de nobreza e os títulos de propriedade que sedimentaram a aliança dos "empresários" brasileiros, os "homens principais", com o português imperador e sua burocracia nobilizada e transplantada.

Ouvidores, capitães, oficiais da alfândega, da fazenda, coletores de impostos.[22] Sua corte falida. A corte é o Estado e o déficit. Os barões, seus credores. A aliança estava feita.

Nossa primeira Constituição, agora no sentido contemporâneo de Constituição, como país independente, seria também fruto de um pacto dos "homens principais" a partir do estamento burocrático e proprietários privados. Nobilizados.

A Constituição de 1824 iniciou-se como pacto político nacionalmente ampliado. Mas fracassou diante de D. Pedro I, que foi seu começo e também seu fim.

D. Pedro I até convocou uma Constituinte mais representativa dos brasileiros e de sua recente independência. Mas o pacto político centralizador que lhe sustentava no poder não suportou a autonomia das províncias que se esboçava.

Dissolveu-a.

De novo, a política sem povo, diria Faoro. No caso, sem províncias.

---

[19] Idem, p. 107.

[20] Idem, p. 190.

[21] LYRA, Heitor. *O Brasil na vida de Eça de Queiroz*. Lisboa: Livros do Brasil, 1965. p. 83–84.

[22] FALCÃO, Joaquim. "Os cursos jurídicos e a formação do estado nacional". In: _____. *Os cursos jurídicos e as elites políticas brasileiras*. Brasília: Câmara dos Deputados, 1978.

Não adiantou o ativismo, a militância e conceituação democratizante de um frei Caneca, lá de Pernambuco, escrevendo no jornal *Typhis Pernambucano*. Tal qual um federalista ou um abolicionista ou mesmo um Raymundo Faoro, a usar a imprensa como melhor meio de ser ao mesmo tempo observador e agente de seu tempo.

Longe dos tratados coimbrãs.

O Frei do Amor Divino Caneca cunhou uma das definições de constituição, das mais sintéticas e poderosas. Constituição, dizia, é a ata do pacto social. O problema é que Pedro I entendia o pacto social diferentemente.

Já durante os debates, a Assembleia Constituinte de 1823 apontava para a descentralização do poder político em direção às províncias. O que para D. Pedro I era indigno dele: "Defenderia a Pátria, a Nação e a Constituição, se fosse digna do Brasil e de mim [...] Espero que a Constituição que façais, mereça a minha imperial aceitação".[23] Não mereceu. Outorgou, então, sua própria Constituição.

Frei Caneca foi fuzilado.

Raymundo Faoro, com a história ao seu lado, temia e perguntava a si mesmo e aos seus leitores, diante da abertura lenta, gradual e segura. Tinha-lhe claros os escuros jogos do poder em nossa história.

A matriz estamental, o patrimonialismo que sempre nos governara, desfazia-se ou renovava-se?

Tinha dúvidas.

Dissolvida a aliança entre militares, burocracia e setores do empresariado e do operariado industrial, sobretudo de São Paulo, iria vigorar novo pacto patrimonialista?

Ou haveria apenas troca de sentinelas?

A convocação de uma Constituinte autônoma e soberana, como defendia, seria o seguro e devido caminho para inclusões sociais mais amplas. Pregou. Lutou.

Perdeu.

Prevaleceu a Constituinte congressual.

---

[23] Como a Constituinte de 1823 não conseguiu estruturar a ordem política do país de modo a conciliar harmonicamente os interesses do imperador e os interesses do país, D. Pedro I dissolveu a Assembleia e outorgou a sua própria solução ao impasse: a Constituição de 1824 (BONAVIDES, Paulo; ANDRADE, Paes. *História constitucional do Brasil*. Brasília: Senado Federal, 1990. p. 89–103).

A REPÚBLICA EM TRANSIÇÃO

Mas o que está realmente em jogo neste livro é que na transição como transação a nu revela-se a permanente qualidade patrimonialista do poder, segundo Faoro.

Sua interpretação do Brasil, palpável nestes artigos agora publicados, será ainda útil para nos explicar hoje? Para explicar a crise econômica e política em que estamos?

Qual seu grau de permanência?

Estamos hoje, em 2016, outra vez apenas diante de um patrimonialismo *aggiornato*?

Existem semelhanças significativas entre estes dois períodos: a Constituinte congressual de 1988 e o impeachment de Dilma em 2016? Ambos resquícios de D. João III e D. João VI? A interpretação política de Faoro sobre o Brasil ainda é pertinente?

Somos o país do coronelismo que se cruza com o das nomeações?[24] Dos empreiteiros que se cruza com o dos diretores das estatais? Ou seja, o país da burocracia estatal — federal, estadual ou municipal — com seus cargos de confiança, sua discricionariedade administrativa, seus empréstimos do Tesouro a sedimentar instituições sem povo real?

Onde tudo e tanto se cruza com os interesses de setores do empresariado a defender subsídios, desonerações, benefícios fiscais, licenciamentos, prorrogações, concessões?

Fernando Henrique Cardoso, em recente artigo, também vê grandes semelhanças. "A amálgama entre partidos, governantes e máquina pública dispõe de instrumentos de controle para cooptar tanto o setor empresarial (via crédito e concessões de vantagens várias) como os trabalhadores e as massas despossuídas (via benesses sindicais e transferências diretas de renda)."[25]

A concessão do direito de propriedade é ainda a amálgama do pacto patrimonialista de Tomé de Souza, D. João VI, Pedro I e os militares de 1964? De Michel Temer também?

Acredito que sim.

---

[24] FAORO, Raymundo. "A constituinte entre aspas", 03/07/1985.
[25] CARDOSO, Fernando Henrique. *Pensadores que inventaram o Brasil.* São Paulo: Companhia das Letras, 2013. p. 261.

Quem quer que lance um olhar mais aprofundado sobre os processos do Mensalão e da Lava Jato vai de pronto perceber que não se trata apenas de situações pontuais de improbidade administrativa. Não são ponto fora da curva.

Trata-se da revelação da existência, sob a égide da atual Constituição, do obscuro jogo de poder que Faoro temia.

O que está em jogo não é a moralidade administrativa estatal, deste ou daquele funcionário público, diretor de estatal, empresário ou deputado. Muito menos das ilegais estratégias anticompetitivas de setores do empresariado nacional.

O caso da Petrobras é emblemático. As empreiteiras não competiam pela busca da eficiência, como reza a cartilha do capitalismo. Competiam pelo direito de corromper. Só as empresas que participassem das licitações tinham o direito de corromper. O cartel da corrupção atuava como reserva de mercado.

O que se está a revelar são os meandros jurídicos e políticos que constituem a amálgama que une a burocracia estatal, setores da grande empresa, nacional e internacional, o operariado sindicalizado e partidos políticos.

O que está em jogo são as relações, o cimento que faz desse renovado pacto político-financeiro um patrimonialismo informatizado.

Nesse cenário, o impeachment de Dilma Rousseff nada mais seria do que a tão temida troca de sentinelas. Outra vez.

O que seriam hoje os novos títulos de propriedade, os novos privilégios concedidos pelo poder do Estado aos homens "principais"? Como se concretiza esse *neo*patrimonialismo? É nossa indagação derradeira.

Não se trata mais de doar aos "principais" da terra títulos de propriedade material, territorial. O território brasileiro é finito e acabou. As terras produtivas estão quase todas legalizadas. Trata-se agora de doar direitos de propriedade imateriais, de características múltiplas. Financeiros, sobretudo. De alocar, sem doar, mas doando, o orçamento público.

Mas como?

Temos cargos de confiança e o presidencialismo de coalizão, feito de emendas orçamentárias, de nomeações ministeriais, concessões e prorrogações dos serviços públicos, empréstimos do BNDES, subsídios fiscais, desonerações, juros subsidiados, monopólios naturais e por aí vamos.

A nobreza recipiente chama-se agora "campeões nacionais".

Sem falar da nobreza não mais individualizada. Sem rosto. É anônima. Não tem mais títulos. Mas outros. Letras do tesouro nacional, certificados de depósitos bancários, a juros mais altos do mundo.

O novo direito de propriedade que o governo doa é o direito de propriedade financeira. Doa não mais por escrituras registradas em cartórios. Mas através da política monetária.

Quem o concede não é mais Tomé de Souza, D. João VI, D. Pedro I, os presidentes da República, os presidentes militares e até os presidentes eleitos. É a apropriação privada por autoridades públicas monetárias da "razão" econômica.

Faoro dizia desde então: "Esforçam-se os articuladores da política financeira em demonstrar que dirigem o país com o apoio da razão, enquanto todos os que sofrem os efeitos da inflação e da estagnação argumentam meramente com o apoio dos fatos..."[26]

E vaticinava um resultado perigoso para esta tentativa de impor a "razão" financeira aos fatos vividos pelo povo: "O controle da inflação, que é uma coordenada do suprarrealismo da economia, decretava permanentemente, simplesmente, irrevogavelmente, sua incompatibilidade com o sistema representativo."[27]

Será que hoje é ontem?

Ao ler estes seus artigos e ao trazê-los para o presente, é inevitável constatar certo grau de permanência da interpretação patrimonialista de Faoro. Assumindo sempre novas qualidades, poderia ter dito Luís de Camões.

Leiam os artigos de Raymundo Faoro além da conjuntura política que os estimulou. Tragam até hoje. Não revelam apenas a contingência da transição do autoritarismo para o atual regime. Revelam-nos também nosso conteúdo.

Avaliem se existem ainda resquícios do pacto patrimonialista que herdamos. Sua intepretação histórica tem quantos graus de permanência?

De 1988 até hoje, passaram-se mais de 25 anos. Um bom tempo para avaliar se Faoro estava certo em seus temores. Caberá ao leitor responder.

---

[26] FAORO, Raymundo. "A verdade da economia e a verdade dos fatos", 10/03/1987.
[27] "A verdade da economia e a verdade dos fatos", 10/03/1987.

Transição com aspas

Paulo Augusto Franco

A política, sabe-se, faz estranhos companheiros, inacreditáveis amizades de acampamento.[1]

Raymundo Faoro fez política. E a fez por dentro, questionando e dialogando com os seus pressupostos, revirando-a num exercício de escuta paciente e assídua de seus ecos no tempo e no espaço. Faoro soube, como poucos, desvendar as gramáticas e atores ocultos nos bastidores da política ao confrontar as estratégias internas dos pactos conduzidos, revelando a mecânica fina de suas *ficções*[2] e imaginações.

Mas Faoro não fez, de fato, política. Não pensou determinantemente no interior do poder institucionalizado que, no tempo, naturaliza costumes gerais. Ao contrário, narrou, de fora, estranhando a aparência estável dos seus destinos, nos planos em que as temporalidades se misturam num *palco* que, por sua qualidade cênica e obscena, se realiza na intenção prévia da mensagem que é o *teatro*. Lembremos que o "theatrum" é o que se vê e o que se faz apresentar/apresentável, assim como é também, para Faoro, no sentido da comédia de Balzac, uma quadra surpreendente de incertezas. Dessas substâncias, encena-se a política.

---

[1] "O justo preço", 08/08/1984.
[2] As expressões em itálico são referentes às categorias próprias ao autor usadas reiteradamente ao longo dos textos.

Portanto, Faoro não estava dentro nem fora do *condomínio* político. Mas, no percurso aberto das ideias, no correr da estrada, na lógica dessa travessia inacabada e caótica que é o pensamento: um pensador consciente de sua condição transitória.

É dentro da noção de "transição" que os textos de Faoro aqui organizados se apresentam, sobretudo, no momento geralmente concebido como o "ápice" do período histórico de transição do modelo ditatorial-militar para o democrático (Codato, 2005). No entanto, quem espera por definições conceituais ou mesmo por uma perspectiva estanque construída a partir dessa "história" abordada irá encontrar um repertório de ideias cuja qualidade está propriamente na sua condição instável dentro daquilo que podemos imaginar como um jogo de múltiplas e complexas combinações e cujo fim está em si mesmo: no transitar incessante que é a vida e a política.

Perceberemos sutilmente que, naquele momento, a postura reflexiva adotada por Faoro, menos do que reiterar a tese previamente estabelecida em torno do "conservadorismo de fundo" encalacrado na sociedade e na prática política brasileira (Nobre, 2015, p. 247), sinaliza trazer à ordem do dia outras potências críticas para se pensarem as construções variadas do poder no cotidiano político a partir de um, agora sim, "conservadorismo democrático". Isso quer dizer que Faoro, em seus textos aqui reproduzidos, parece mais ater-se às ressignificações de ordens autoritárias e oligárquicas em jogos de conversões, *ficções* e adaptações do que propriamente à sua insistência em marcha contínua e uníssona. Trata-se, veremos, de um vir a ser democrático, fundamentando legal e metaforicamente nas imagens da "transição".

A transição

O sentido de uma transição, por si, é prenhe de ambiguidades. Em trânsito, *in fieri,* não se está num lugar nem em outro, mas em ambos, e também em nenhum deles. O termo, oportunamente simetrizado a contextos específicos, ora denota a ideia de "processo", ora sustenta certa noção de ordem dentro da qual nós inscrevemos conceitos e, portanto, ordens de significados. O fato é que as construções ambíguas em torno da transição, mais do que um recurso retórico geral, se tornaram, no Brasil, interessantes maneiras de se falar sobre o poder.

A REPÚBLICA EM TRANSIÇÃO   23

Sabe-se que a história, como um sujeito político, é "produto simbólico" de conflitos (De Decca, 2004, p. 75) e, por isso, é realizada na lógica da evidência dos grandes marcos responsáveis por revestir de certa coerência aquilo que se verifica como um processo de contradições. A transição conjugada em significados políticos — construtos da noção corrente e politizante de "democracia", sobretudo, durante a década de 1980 —, apesar da sua vocação semântica na indefinição e no jogo, se mostrou, curiosamente, não apenas para Faoro (1986), mas também para outros pensadores como Florestan Fernandes (2007), como um produto imobilizado a serviço da ordem dominante. Assim, no tempo, a "Transição", agora com "T" maiúsculo e envolvido por aspas, se tornou recurso retórico tanto da "H"istória como da "P"olítica, um instrumento, objeto e sujeito político. Perceberemos ao longo dos textos de Raymundo Faoro que a ideia de "transição" constituirá um próprio sentido concedido à "democracia" no tempo.

"Democracia" ou "democratização", veremos, pode ser também fruto de coalizações conservadoras do poder.[3] E foi nas dimensões concretas das experiências e das durações presentes em tais processos que Faoro desenvolveu as suas interpretações do cotidiano dos pactos e estratégias de expressão e de conservação da ordem política estabelecida, ou, na continuidade de Max Weber, de um "Estado" fabricado em si, por si e para si, misturando crença e verdade. Sob tal perspectiva foi fundado o "período de redemocratização do Brasil" pós-regime militar, movimento significado politicamente como de "transição".

O longo caso de marchas e contramarchas da "transição" democrática no Brasil foi caracterizado por uma ampla incidência de fatores complexos, os quais se consolidaram na história política nacional a partir da organização e articulação de três momentos. Enquanto que a primeira fase desse período (1974-1982) foi caracterizada pela ambivalência entre o poder militar ainda vigente e certa crise de coesão dentro das Forças Armadas nacionais contextualizadas por uma intensa crise econômica, a segunda (1982-1985) colocaria novos atores em cena, instaurando uma "transição negociada" no cerne de posturas "moderadas" na possibilidade do diálogo político (Kinzo, 2001, p. 6-7).

Num exercício de simplificações, as duas primeiras fases são também comunicadas em duas posturas políticas marcadas: a "política de distensão", do

---

[3] "A 'transição' passiva", 12/01/1988.

general Geisel (1974–1979), e a "política de abertura", do general Figueiredo (1979–1985). Naquele momento, o cronograma político edificado a partir de uma "transição gradual, lenta e segura" foi contextualizado em crescentes descontentamentos populares e também no determinante desgaste da base burguesa da ditadura (Fernandes, 1985).

Com a eleição de Tancredo Neves e José Sarney, em 15 de janeiro de 1985, iniciou-se uma "nova fase" caracterizada pela necessidade de refundação política deflagrada em sintonia com o processo de construção política e social das noções de "legitimidade" e de "autonomia" em torno da Assembleia Constituinte que culminaria na Constituição de 1988. Através das leituras de Faoro, perceberemos que a ordem profetizada nesse último período não apenas oficializou a "transição" como "fenômeno político e jurídico teoricamente formulado pelos constitucionalistas" da época,[4] mas também fabricaria uma espécie de "retórica do destino" a qual, diante da promessa de fim da "transição" e, portanto, de consolidação da democracia, acabaria por reacomodar as estruturas oligárquicas do poder ao "manipular o passado e o presente para enganar o futuro".[5]

Dizer o destino é fazer a "transição". Nos sete anos compreendidos por Faoro nos textos aqui reproduzidos, a "Transição" de maiúscula enfática foi celebrada como acordo das elites ao projetar "expectativas mágicas", como se o Estado monopolizasse não apenas a violência legítima, mas também a gramática do consenso, a qual, sabe-se, faz-se por ocultar os acordos das cúpulas e das elites, dissimulando palavras na grandeza oratória.[6] Isso quer dizer que, na "transição" — no discurso — "transada", a ruptura sequestraria a dialética hegeliana, ao mudar sem transformar, deixando o controle substancial, enfim, nas mãos do estamento.

A história, dizia Faoro, "é um cemitério de elites" (1986, p. 64). Mas não se trata pura e simplesmente de uma "elite" aristocrática (patriarcal e "assobradada", diria Gilberto Freyre), mas de uma, veremos, "classe política" complexa na formação, que compra a sua sobrevivência a qualquer custo, como um *grupelho* suposto na interdependência de seus membros. Para isso, não basta apenas o corporativismo excludente. É necessário ir além do clã

---

[4] "Está chegando a hora", 09/06/1987.
[5] "Um agosto adiado", 11/08/1987.
[6] "A definição das ambiguidades", 24/04/1985.

A REPÚBLICA EM TRANSIÇÃO

nobiliário, extraviando e manipulando a realidade das coisas diante de uma constante fabricação de legitimidades,[7] dando a aparência de "bem geral" àquilo que é, na sua constituição, os interesses de poucos.

A noção de "transição", oportunamente formulada em contexto, se constituiu como fonte dessa sobrevivência, folha em branco a ser preenchida, operando pelas vias retóricas do "oficialismo" e da "legalidade" a transdução do poder legítimo. Tem-se, aqui, no limite, uma obra sobre as muitas inconsistências da palavra-poder "legitimidade".

A transação

A "transição", nas palavras de Faoro, torna-se uma espécie de "trampolim armado" no governo criado para "acomodar os descontentes nas antessalas ministeriais":[8] uma verdadeira "transação" dissimulada no emergente idioma democrático cuja roupagem elegante fora ostensivamente tecida por aqueles atores que ocuparam a cena no passado, e que, na sequência, passaram a frequentar os bastidores do *teatro* através da invenção de discursos oficiais.[9] Entre promessas e fundamentos, a lógica autoritária insiste, atualizando as suas formas e reacomodando os seus conteúdos. Afinal, já era momento de os "donos do poder" pensarem suas estratégias em termos democráticos.

Na "transição", a "transação" ganhou justificativa. Sob a "retórica do destino" (a democracia), a legitimidade seria intencionalmente confundida com a legalidade, sistema (jurídico) pelo qual o próprio Estado ao mesmo tempo se identifica e se submete. O sentido da legitimidade se mimetizaria, então, aos olhares de Faoro (1986, p. 35), à própria legalidade, "nada mais do que a legalidade": quando o próprio "regime se reflete na lei"[10] e vice-versa.

Nesse contexto, o poder qualifica-se pelo direito ao "disciplinar a força" por meio de um repertório previamente reconhecido de normas jurídicas (Faoro, 1986, p. 27). Isso quer dizer que o procedimento legal, naquele

---

[7] Raymundo Faoro, ao levantar o conceito de "classe política", o faz com base na "teoria das elites" desenvolvida pelos cientistas políticos italianos Gaetano Mosca (1858–1941) e Vilfredo Pareto (1848–1923).

[8] "A parte do leão", 19/08/1986.

[9] "O panorama visto da ponte", 21/04/1987.

[10] "As inseguranças da Lei", 21/11/1983.

período, garantia a transgressão, mas não uma transgressão qualquer. Tratava-se de pensar a mudança dentro da formalidade prevista a qual era reinventada cotidianamente pelos próprios detentores da linguagem oficial. Muda-se, enfim, para não mudar. Nesse caso, mais uma vez, recordamos Weber: o ladrão reconhece a legitimidade escondendo-se para roubar.

Assim é "porque sempre foi". Nessa lógica do poder sustentada teoricamente por Faoro, o Estado enquanto lugar da crença no oficial, pelo exercício de totalização que lhe é próprio, concede a qualidade de permanência e de normalidade àquilo que seria naturalmente excepcional, ao instruir, pela norma, a versão formal e "pacificada" dos fatos. Daí vem o laço essencial existente entre o público e o privado, onde os planos visíveis do oficial se tocam às tramas invisíveis dos bastidores. A corrupção, sabia Faoro, também se faz na/pela lei.

Mas essa versão tem lá os seus fundadores. A estes, Weber qualificou como "profetas" (1965), sujeitos forjadores do consenso político e jurídico. Esses são também, nas equivalências de Faoro, os *poetas,* os *aventureiros,* os quais, como um *bando de salteadores,*[11] voltam-se à elaboração cotidiana do Estado na condução da "classe política".

A ilusão da "transição" foi, portanto, bem fundamentada. Dissimulados por profissões de fé na universalidade e no "oficialismo", os interessados do poder, diante do vir a ser "democrata", movem-se pelo "entulho autoritário"[12] formulando um verdadeiro caminho de mão dupla entre a "transição" e a "transação". O "Estado", assim, dirigido pela "classe política" fundamentar-se-ia na própria linguagem que cria, ou seja, na ficção de si.

A conciliação

E a "transição", indagou Faoro em 1986, "que fim levou?"[13] O *pacote* retórico em torno da "legitimidade ausente",[14] segundo Faoro, não se restringiria apenas à produção do Estado como um corpo único, mas também à lógica interna de outros idiomas oficiais capturada pelo sentido do poder político

---

[11] "Saudade do golpe", 14/11/1984.
[12] "Retórica dos lixeiros", 27/02/1985.
[13] "E a 'transição', que fim levou?", 08/04/1986.
[14] "Ser ou não ser eleitor", 03/06/1986.

central. A economia institucionalizada nos arranjos financeiros e a mídia aí se fizeram presentes como vetores do conservadorismo, fabricando e alimentando partidos e *grupelhos*,[15] conciliando, com aparente coesão, diferentes formas oficiais de reprodução da ordem dominante.

Para Faoro, foi no exercício de formulação da Constituinte de 1988 que o Estado exacerbou essas estruturas elitistas e conservadoras. A "classe política", mais uma vez nas rédeas do projeto democrático, conjugou em termos estamentais a "vontade popular" com a linguagem oficial concedida ao procedimento legal, realimentando a "maioria organizada" (Faoro, 1986, p. 65). Pela Constituinte comandada pela "estrutura oligárquica e viciada da máquina política",[16] a emergente "democracia" mostrou-se objeto hospedeiro da lógica de "transação" a qual fez derivar o poder da Constituição em detrimento do poder do povo. Sem autenticidade, a democracia, vista na Constituinte, seria, então, fonte de "poder fraudado": aquele derivado do arranjo político estabelecido.[17]

A Constituição, no sentido jurídico, "ordena, organiza e transforma a realidade em sistema de normas e valores", apelando ao homem a sua agência histórica. É nesse último aspecto que se define, para Faoro, o Constitucionalismo moderno: "voltado para o controle do poder, com os freios impostos à discussão dos governantes" (Faoro, 1986, p. 10). Nesse arranjo dialético entre a "face social" e a "face jurídica" da Constituição que se produz, no âmbito dos detentores de fato do poder, a "constituição semântica" cuja roupagem, ao contrário da sua versão normativa, esconde, dissimula e disfarça (Faoro, 1986, p. 11).

Eis o fenômeno da Constituinte produzido pela lógica da "conciliação": um trânsito incessante entre a forma jurídica e o exercício da estrutura real do poder. Lógica essa, lembremos, que se tematizou correntemente como narrativa fundamental da chamada "transição" a qual era — perceberemos — determinada menos por um "fim" no significado da ruptura do que pelo "fim" no sentido da negociação em contexto de objetivos específicos: renovar, remendar e modernizar o sistema sem, no entanto, "tocar nos fundamentos da estrutura social e econômica" vigente.

---

[15] "Ser ou não ser eleitor", 03/06/1986.
[16] "O charlatanismo constituinte", 21/08/1985.
[17] "Uma controvérsia póstuma", 26/05/1987.

Assim, da mesma forma que foi "carnavalesca",[18] "transada", "imaginada", sempre imobilizada pelas aspas e capitaneada pela sua inicial maiúscula hiperbólica, a transição foi, para Faoro, "passiva", pois a sua "democratização" não se amadureceu em "democracia". Em vez disso, se dissolveu em atos de tirania, na "burocracia despótica"[19] que a tudo assiste imóvel, enfim, na renovação constante de um modo de ver o mundo usando e naturalizando as lentes das elites.

Chegamos, então, à inconclusão mais elementar em relação à história e à política: a diferença entre a farsa e o oficial é o seu narrador. Seria a democracia a própria transição ("imaginada")? Se assim for, a política, então, não é outra coisa senão uma boa superstição.

---

[18] "O carnaval continua", 10/03/1987.
[19] "A 'transição' passiva", 12/01/1988.

Referências bibliográficas

CODATO, A. N. "Uma história política da transição brasileira: da ditadura militar à democracia." *Revista de Sociologia e Política*, Curitiba, n. 25, p. 83–106, nov. 2005.

DE DECCA, E. S. *O silêncio dos vencidos: memória, história e revolução*. São Paulo: Brasiliense, 2004.

FAORO, R. *Assembleia Constituinte: a legitimidade recuperada*. 4ª ed. São Paulo: Brasiliense, 1986.

_____. *Os donos do poder: formação do patronato político brasileiro*. 3ª ed. São Paulo: Globo, 2001.

FERNANDES, F. *Que tipo de república?* Prefácio de Fábio Konder Comparato; apresentação de Antonio Candido; coordenação de Maria Arminda do Nascimento Arruda. 2ª ed. São Paulo: Globo, 2007.

KINZO, M. G. "A democratização brasileira: um balanço do processo político desde a transição". *Perspectiva*, São Paulo, v. 15, n. 4, out./dez. 2001.

NOBRE, M. "Conservadorismo em chave democrática: a redemocratização brasileira, 1979–2013". In. ALONSO, A; DOLHNIKOFF. M. *1964: do golpe à democracia*. São Paulo: Hedra, 2015. p. 247–266.

WEBER, M. *The sociology of religion*. Londres: Methuen, 1965.

APRESENTAÇÃO:

O que este livro é

O conteúdo que constitui este livro é fruto de leituras e relações de 320 textos escritos por Raymundo Faoro e publicados em sua coluna semanal na extinta revista *IstoÉ Senhor* entre 21 de abril de 1982 e 4 de julho de 1988. Dentre o material gentilmente cedido pela revista *IstoÉ*, selecionamos, pela identificação de bases temáticas, 61 textos que se encontram organizados em quatro partes, privilegiando, de modo geral, mas não exclusivo, um recorte cronológico da obra.

Entre os anos de 1982 e 1983, o debate político preliminar em torno da transição democrática no Brasil se misturava às indeterminações de uma crise econômica. Entre as fantasmagorias da inflação, do desemprego, da dívida externa e da recessão, críticas às formas institucionalizadas da economia pareciam dar o tom das contradições a serem reveladas no palco da política.

No primeiro grupo de textos de Raymundo Faoro aqui organizados percebemos que essa interseção entre o que vinha sendo anunciado e propagado como uma "crise econômica" e o meio político vigente aconteceria a partir dos efeitos falaciosos da "teoria", da "ideologia", da "retórica" e da "promessa". Através desses meios, a realidade seria capturada e controlada a rigor dos significados pretendidos pelo grupo interessado em seus desdobramentos concretos. Muito se diria e pouco se faria.

Perceberemos, nessa etapa, que Faoro procurava demonstrar que a construção democrática, enquanto jogo, parte da disputa pelos domínios da verdade na sua correlação direta e indireta com a autoridade. A quem serve o universalismo dos números, da teoria, enfim, das explicações oficiais da "alta política"? Qual seria, afinal, o idioma, a retórica, enfim, a classe de uma crise econômica? A quem servimos ao darmos como natural a linguagem que nos é imposta?

Nos textos da parte II, compreendidos entre os anos de 1983 e 1985, fica evidente a vitalidade da tese construída em "Os donos do poder" (1958) na qual Faoro descreve e relaciona a permanência — e insistência — de estruturas autoritárias e patronais nos domínios sociais e políticos brasileiros. A ideia de "pacto" presente na retórica erigida em torno da noção de "transição", para Faoro, atestava o caráter continuísta das estruturas oligárquicas na política brasileira. Alteram-se conceitos, inaugura-se um marco histórico, realojando, no entanto, as velhas relações, significados e objetivos de uma elite minoritária. Para compreender essas sínteses no interior da "classe política" dirigente e desigual, Faoro mobilizou naquele período o repertório conceitual e analítico em torno da chamada "teoria das elites" proposta pelos italianos Gaetano Mosca (1858–1941) e Vilfreto Pareto (1948–1923).

Na parte III, os termos do debate de Faoro se concentram nas imagens disputadas em torno da Assembleia Constituinte, a qual se ampliava na possibilidade de elaboração histórica das bases da ordem política nacional identificada em princípios que desenvolveriam uma ordem jurídica democrática.

O argumento central de Faoro, naquele contexto, era de que o Poder Constituinte só se revelaria fora das manipulações da classe política dirigente na Assembleia Constituinte, ou seja, "de baixo para cima" (1986, p. 95). Somente nesses termos se poderia conciliar a constituição social com a constituição jurídico-normativa.

Nesse período, as reflexões de Faoro são ainda atravessadas pela eleição e falecimento de Tancredo Neves, dando lugar ao governo de José Sarney e tensionando os debates vigentes em torno das construções políticas e jurídicas indexadas pela noção de legitimidade.

Por fim, na última parte do livro, sob uma espécie de síntese substanciada no inacabado, os textos escritos entre 1986 e 1988, Faoro se propõe a interrogar o sentido democrático por dentro, procurando nos apresentar as suas mais veladas contradições presentes em fins retóricos a serem capturados pela sempre presente gramática conservadora dos "donos do poder".

*

Este livro só foi possível através das conversas constantes e apoios confidentes dos amigos André Faoro e Maurício Dias com os quais pudemos dividir e engrandecer de maneira imensurável a "aventura" que foi a imersão nessa "transição". A eles e à memória de Raymundo Faoro, dedicamos esta breve coletânea que já surge como homenagem.

Joaquim Falcão
Paulo Augusto Franco

Parte I

O "teatro do poder" e as tramas do oculto
(1982–1984)

A verdade da economia e a verdade dos fatos

10/03/1987

> Para que tudo dê certo, nesse exercício de verdades, a economia há de converter-se em mais do que uma ciência exata, ingressando no território mágico da filosofia, com certo retoque mágico e teológico.

Não tema o leitor a evocação de uma velha filosofia. Não se cogita de atualizar Gottfried Wilhelm Leibniz, filósofo, físico, matemático, historiador e diplomata, nascido em 1646 e falecido no ano de 1716. Basta lembrar que, num parágrafo de sua *Monadologia*, encontra-se esta afirmação, que teria duradouras consequências no futuro: "Também há duas categorias de verdades: as de razão e as de fato. As verdades de razão são necessárias e seu oposto é impossível; as de fato são contingentes e seu oposto é possível."

Por mais que se resista ao apelo do esquecido filósofo, a doutrina está presente, no debate e nas proposições dos economistas. Esforçam-se os articuladores da política econômico-financeira em demonstrar que dirigem o país com o apoio da razão, enquanto todos os que sofrem os efeitos da inflação e da estagnação argumentam meramente com o apoio dos fatos, que, recorde-se, são contingentes e refutáveis.[1] O abrangente painel universal,

---

[1] O debate posto por Faoro partia de um contexto de intensa crise econômica causada, principalmente, pelo crescimento da dívida externa e a escassez de combustível, visto que o preço do petróleo importado vinha sofrendo reiterados aumentos. Tal crise era apontada e justificada por dados econômicos tidos por "oficiais", como os índices de inflação e de desemprego. Nessas reflexões, Faoro procurava justamente problematizar esse vocabulário oficial sobre a economia, o qual, no tempo, excluiria o cidadão ordinário do debate político-econômico. É importante ressaltar que tal cenário econômico contribuiu para o enfraquecimento político do regime militar que começava a sofrer com a perda progressiva de sua coesão interna.

matematicamente determinável, indicaria que, enquanto há dificuldades transitórias, tudo se recomporá, do melhor modo possível, embora com o desprezo de uma forma secundária, o tempo. No final das contas, o tempo é, nada menos, nada mais do que a expressão do que é contingente. Basta sair do mundo pedestre e rasteiro dos fatos, com sua malícia e seus embustes, para subir à verdade de razão, que é irrefutável.

Para que tudo dê certo, nesse exercício de verdades, a economia há de converter-se em mais do que uma ciência exata, ingressando no território mágico da filosofia, com certo retoque mágico e teológico. Construa-se uma densa teia de equações, de preferência inverificáveis, amparada por boa dose de ironia contra o cassandrismo,[2] e ter-se-á, invulnerável e imune a todas as críticas, a verdade de razão. Os dados numéricos, que indicam a inflação, que revelam o desemprego e o subemprego, as advertências recessivas, seriam fatores alheios e impertinentes à verdadeira realidade, à realidade que está acima do tolo cotidiano.

O diabo é que os fatos são teimosos e se obstinam em reclamar a voz e a palavra, em regras traduzidas em práticas, que, por serem secundárias, são potencialmente subversivas, como as reclamações por melhores salários, capazes de, na sua impaciência, chegarem às greves. Para complicar ainda mais o quadro, a ignorância dos banidos dos círculos puros e incontami-nados da razão poderá chegar ao extremo abuso de levar às eleições essas preocupações irrelevantes. A verdade de razão manter-se-á imperturbável a essa objeção, que é também uma ameaça. O controle à inflação, que é uma coordenada do suprarrealismo da economia, decretará, puramente, simplesmente, irrevogavelmente, sua incompatibilidade ao sistema repre-sentativo. Bem ponderadas as coisas, nada significam pessoas, quando falam os números, que, além de tudo, são minoritários. Dez por cento, 30% que sejam os desempregados, há para afastar a demonstração sombria, a relação contrária, que é profundamente maior, esmagadoramente maior. Mas, aqui, convém evitar a cilada. Não se raciocine em termos de fatos. Permaneçamos sempre no campo inexpugnável da razão, indiferentes aos empíricos explora-

---

[2] O autor refere-se aqui ao excesso de considerações negativas ao futuro da economia. Tal cenário de pessimismos seria um contraponto político radical àquilo que seria um ufanismo econômico.

dores da opinião pública. A fórmula final, se permanecerem as inquietações, se as inquietações se descarregarem em angústias individuais, seria esta: construir uma economia onde não se conte o homem, o mais contingente e o mais irracional dos seres.

Irrespondível, mas não convincente?

11/08/1982

A teoria de que se fala é um produto da ideologia, imaginário que manipula o real, ocultando-o e escamoteando-o.

O sistema político, que rege e impera debaixo da direção nominal do Palácio do Planalto, compõe-se de inúmeras rochas flutuantes. Ausente a representação popular, esses blocos — o bloco econômico-financeiro, o das informações, o militar, o de obras públicas etc. — ondulam ao capricho das ondas e das circunstâncias. Vez ou outra entram em colisão removida pela lei do mais forte, com a queda ou o simples desinchamento de um setor, que recolhe seu orgulho ou sua vaidade. Esse é o panorama visto da ponte. Mas há, internamente, menos visíveis, muitas vezes ocultas, fissuras dentro da rocha, que nunca é tão coesa, nunca é tão consistente como aparenta.

A semana que passou, se não foi tempestuosa, também não foi de céu limpo e claro. O bloco econômico-financeiro do governo transformou-se no alvo das insatisfações de seus clientes e vítimas. Tudo começou, depois de muitos rumores e das habituais previsões e boatos sombrios, com a afirmação enfática do chefe do governo de que não mudaria a chave do ministério. Com muito ceticismo e algum enfado, declarou que a troca de um homem por outro seria ociosa, inútil, visto que a teoria econômica seria uma só, dogma científico a que todos se submetem. O endereço da negativa presidencial se dirigiu, inequivocamente, à oposição, tida, por amor ao profissionalismo, na conta de exploradora da angústia e dos apertos dos excluídos da colheita oficial, sempre promissora, com a reserva do prazo médio dos resultados.

O ministro do Planejamento,[1] na sua copiosa alocução do fim de semana, incumbiu-se de retificar essa impressão. Depois de expor as linhas de seu programa, lançou farpas diretas e indiretas, dentro e fora da área governamental. Não se limitou a refutar os oposicionistas — os eternos inconformados —, senão que atingiu a pele mais sensível dos críticos de dentro. Na questão dos subsídios e da estratégia anti-inflacionária, investiu contra os monstros sagrados do altar montado depois de 1964. Seu antecessor saiu-lhe, de imediato, com a retorção, sem esquecer de mencionar a breve e frustrada manobra de 1980, logo negada em favor da ortodoxia, da imutável teoria, segundo o recado mais alto.

A tese da invulnerabilidade da teoria,[2] na qual se escora a deliberação de não mudar os homens, projeta um problema filosófico, cheio de equívocos e armadilhas. A teoria de que se fala é um produto da ideologia, imaginário que manipula o real, ocultando-o e escamoteando-o. A palavra, na sua origem, significa a visão do espectador que não intervém no espetáculo: ele vê, observa e não participa, exerce atividade puramente *teórica*. Depois, o conceito se transformou e refloresceu, dilacerado entre os realistas, que quiseram ver no conceito a realidade, até os convencionalistas, limitados a reconhecer-lhe apenas uma feição instrumental. A imaculada teoria, supostamente alheia aos interesses, ainda que cientificamente vestida, serviria ora a um, ora a outro grupo ou classe, numa objetividade tão só ideológica, só aparentemente privada de seu condicionamento social e histórico.

A inviolabilidade da teoria não ajuda, como o demonstra a controvérsia, ao dogma. Recorde-se uma anotação do velho Hume, que sabia usar seu discreto senso inglês de humor, a propósito das teorias do bispo Berkeley. Seus argumentos, observava, são irrespondíveis, mas não convencem ninguém. Esse foi, em plágio inconsciente, o comentário dos comensais do ministro Delfim Netto, durante seu irado discurso.

---

[1] Trata-se de Delfim Netto, ministro que na sequência seria reconhecido por enfrentar crise da dívida externa negociando saídas com os bancos credores e o Fundo Monetário Internacional.

[2] Faoro problematizava a adoção de maneira irrefletida de teorias e pressupostos totalizantes. Para ele, a teoria, enquanto ferramenta de autoridade, servia a interesses de poucos justamente pela sua qualidade inquestionável.

A hora do lobo

28/07/1982

> A maior vitória do lobo deve-se menos a ele, animal e símbolo, do que à imaginação de quantos recebem sua visita.

O lobo, como sabem todos, usa peles diversas de acordo com as circunstâncias. Sua melhor astúcia, a mais celebrada e a mais temida, foi a imitação da pele da ovelha. Esse senhor, indispensável nas fábulas, nem sempre gosta dos ardis: lembre-se o diálogo com o pobre cordeiro, acerca do curso de um riacho, questão aparentemente limitada a um problema geográfico.

A maior vitória do lobo deve-se menos a ele, animal e símbolo, do que à imaginação de quantos recebem sua visita. Tome-se, para ponto de partida, a economia, e, como extremo do arco, a política. Ele aparece por etapas, em transfigurações múltiplas, em horas diferentes. Para ilustrar a hipótese, olhe-se a sombra, real ou futura, da recessão. Um empresário, dos mais representativos do país, o sr. Antônio Ermírio de Moraes, afirma que a recessão virá depois das eleições de 15 de novembro, o que dá a entender que ela ainda não está completa, em todos seus caracteres e na sua fisionomia expressa. Entende que ela está na cauda do pé de vento inflacionário, com os insuportáveis três dígitos. Está aí o lobo, numa de suas encarnações. Para os que veem com outros olhos, o cruel mamífero já está entre nós, com os dentes a escorrer sangue, há muito tempo. Já o reconheceram, nos preços, nos salários e nas dificuldades de obter emprego, os empregados e aspirantes ao trabalho que saem das escolas médias e superiores. Um economista, identificado, por sua ortodoxia economicamente liberal, ao próprio diabo, em alguns círculos, e que, como o *tinhoso*, sabe muito por ser diabo e mais ainda por ser velho, contou, há dias, nas comemorações dos seus 90 e tantos anos, que já o encontrou. Viu-o nos gabinetes governamentais, que retratou nos poderes do "governo militar e quase onipotente". Explicou como atua, travestido em economista e dirigente político: "Uma regra que eu", disse o sr. Eugênio Gudin, "citasse hoje poderia ser revogada amanhã por um simples decreto-lei. E força é dizer que o governo não faz cerimônias em expedir decretos".

Não se entende, senão pelas artes de um lobo que assumiu as qualidades da raposa, que o lobo seja um animal dialético, que está e não está, ao mesmo tempo, num só lugar. Dialética é a inteligência de suas vítimas, no modo que vivem as contradições da aparição e as feições múltiplas da ferocidade do agressor. Não se entende que ele anunciará o tempo certo de sua vinda. Seria mais lógico supor que ele está à espreita, presente, mas dissimulado, na máscara de muitos artifícios.

A prova de sua presença está nas mordidas que deixou, visíveis e dolorosas, em muitas categorias e classes. O único teste da inexistência seria se fosse inofensivo, caráter que a fera reputaria ultrajante. Deite-se à crônica dos malefícios, atuais ou futuros, uma nota de desespero. Há, na legião dos atemorizados e dos feridos, um e outro que clama pelas garras do carnívoro insaciável. Não seria um belo e oportuno recurso para um político, outrora dourado pelo carisma, hoje abandonado da magia que enche as urnas e enfuna os comícios, a irrupção, no meio dos pastores de sua grei, do representante da família *canidae*, nome erudito, como o personagem qualificaria o vulgar devastador das planícies? O lobo, agora com ares de economista, seria a mesma fera de outrora, vestido com as represálias do despotismo remanescente. Desgraça de quase todos, alívio para alguns poucos, esta a receita, que mata, mas que também poderia curar, com ofensa mortal à promessa democrática.

O sorridente encalacrado

29/09/1982

Se o infortúnio é de todos não é de ninguém, como a morte, que só é suportável porque não poupa nenhum homem.

Visto de longe, o louvado milagre brasileiro não teria sido senão a projeção interna de uma conjuntura universal próspera. O binômio mostraria, se bem-focado, que as dificuldades econômicas atuais têm a mesma significação, com uma diferença e uma semelhança. A semelhança está na má administração, em ambas as circunstâncias, do ciclone externo. A diferença óbvia consiste na desigualdade dos tempos, agora adversos. Onde estão os foguetes de outrora, com o festivo repique de sinos dos estádios monumentais? Que dizer dos arrogantes sábios, gênios e deuses da tecnocracia?[1] Teriam eles mudado, murcha a imaginação? Tudo está como sempre esteve, os homens são os mesmos, fisicamente os mesmos, dourados com igual retórica. Entre um período e outro mediou, na verdade, o mau tempo das desventuras, negadas na palavra e afirmadas nos atos. Uma dose de esquizofrenia política explicaria a mudança do estilo e a monotonia do espetáculo.

O país está encalacrado, mas continua, nas mensagens oficiais, alegre e sorridente: cada nova pílula, apesar do sabor amargo, vem acondicionada na

---

[1] A noção de tecnocracia se constitui como um dos principais eixos de interpretação da política brasileira propostos por Faoro. Para ele, a tecnocracia significava a conjugação prática (exclusivista no domínio da técnica) entre o poder estatal de base autoritária e o setor econômico-empresarial, formando uma estrutura capitalista vinculada e constituída no âmbito do próprio Estado. Dessa forma, construir-se-ia, para Faoro, um sistema de governo sem a participação popular.

promessa de ser a última. Para os pacientes, as cobaias dos novos experimentos, a desgraça está nos remédios, que matam sem dor. Por inferência, queixam-se dos médicos, há dez anos festejados pelas receitas certeiras. Os autores das bulas, protegidos na fama passada, esquecem-se dos autoelogios, para se voltar contra um bode expiatório: o universalismo da crise. Se o infortúnio é de todos não é de ninguém, como a morte, que só é suportável porque não poupa nenhum homem. Com mão ágil, não se fala nos dirigentes, agora reduzidos a passivos e inatuantes agentes do destino. Em matéria de explicações e desculpas, tudo bem, com a vantagem recente da despersonalização.

O que fica de fora da equação é, infelizmente, o essencial. Se a incidência dos fatos fosse automática, direta e inafastável, como pleiteiam os tecnocratas, nada explicaria a variação dos graus diversos na temperatura dos enfermos. Há, no recebimento da recessão mundial, países e países. Houve aqueles que não se deslumbraram com a visão das vacas gordas, poupando-se de carneá-las. Outros, ao contrário, acreditaram na miragem e na sua perpetuidade. Para estes era necessário aquecer a imaginação, para corrigir a falta de legitimidade pela eficiência, a eficiência de uma hora de embriaguez e otimismo. Passada a borracheira, com a ressaca, não sobrou nem a eficiência nem a legitimidade. Com a ausência da última — tida como a fantasia dos liberais —, o teatro apresenta a mais desoladora de todas as representações. Os espectadores não entendem os atores e os atores falam para o palco, numa fórmula alheia ao próprio Ionesco.[2] Talvez se espere, nesse mundo de sombras e equívocos, por Godot,[3] numa peça a ser escrita na Esplanada dos Ministérios, com a reunião de retalhos do absurdo. No crepúsculo de Brasília, entre as nervosas peregrinações aos centros financeiros do mundo, a leitura de Samuel Beckett provará que nada aconteceu e que nada acontecerá.

Enquanto os expoentes se divertem, irritados com os críticos, sempre insultados pelo seu negativismo, a dramaturgia está à beira de uma revolução. A questão está apenas em optar entre a comédia e a tragédia, mero exercício de gosto literário, próprio de economistas tementes do desemprego, atormentados com a ordem de despejo.

---

[2] Junto a Samuel Beckett e outros, Eugène Ionesco (1909–1994) foi um dos criadores do movimento intitulado "Teatro do Absurdo", o qual articulava elementos tragicômicos a situações aparentemente sem sentido.

[3] Referência à peça de teatro *Esperando Godot*, escrita por Samuel Beckett (1906–1989).

Um debate de ideologias

06/10/1982

> A ideologia reivindica o poder de tudo explicar, por atacado, sem compromisso com a realidade, preferindo transferir a atenção para o que foi e o que será.

Nem sempre Hannah Arendt[1] será um guia seguro para a reflexão social. Não se lhe pode recusar, entretanto, a corajosa abertura de caminhos, na quebra de velhos e novos tabus. Em algum lugar de seus escritos, observou que o conceito de Terceiro Mundo, que muitas vezes alimenta o conformismo político e a dependência econômica, não passaria de uma ideologia. A ideologia reivindica o poder de tudo explicar, por atacado, sem compromisso com a realidade, preferindo transferir a atenção para o que foi e o que será. Isola-se da experiência, para se sublimar no imaginário, útil para cimentar uma equação de comando político. Transponha-se o Terceiro Mundo para o conflito, não demonstrado, Norte contra o Sul e ter-se-á outro termo do mesmo método de pensar. Por via desse expediente, cômodo, narcotizante, as dificuldades deste país desaparecem do campo da responsabilidade para se diluírem num território de limites incertos, vagos, perdidos em cores neutras.

---

[1] Hannah Arendt (1906–1975) foi uma filósofa alemã de origens judaicas que se tornou uma referência fundamental para o pensamento ocidental contemporâneo, sobretudo na compreensão e na análise das gêneses e das permanências do autoritarismo político. Como importante pensadora da política, Arendt teve os seus principais trabalhos vinculados ao estudo do regime nazista na Alemanha, o que acabou também por colocá-la entre as principais referências para reflexões em torno dos usos totalizantes de teorias que se tornariam facilmente radicalizáveis pelos efeitos da ideologia dominante. É a partir dessa última dimensão que Faoro a situa em suas reflexões sobre a política brasileira da época.

Em nome desse espectro, o chefe do governo apresenta-se perante a ONU, em velada mensagem de transferência de encargos e culpas. Os números, que servem a todos os senhores, estarão ao seu lado, num cenário onde o estilo importa mais do que os fatos.

Na verdade, apenas quatro países da América Latina — Brasil, México, Argentina e Venezuela —, uma fatia do Terceiro Mundo ou do Sul, devem cerca de US$ 240 bilhões. Devem e não podem arcar com o adiamento de seus compromissos. O primeiro engano da proposição reside numa simplificação: a dívida é apresentada numa conta-corrente bilateral. Esquece-se que há, no balanço, parcelas ocultas, representadas por créditos, entrelaçados nesse elo, contra países do Terceiro Mundo e do Sul, uns com os outros. O espinho não está, na sua ponta mais aguda, no débito, mas na coluna do haver, irrealizável para o Norte e irrealizável para nós. De outro lado, a falácia mais contundente consiste na penalização do credor, por sua temeridade ou irreflexão, como se o papel do pobre fosse o de sacar sem medir as consequências. A memória é curta e evasiva. Alguém se lembra quando, há um ano ou dois, se dizia que a dívida não deveria inquietar ninguém, uma vez que ela não se fez para pagar, mas para administrar com jeito e corpo mole? O sofisma explodiu, na verificação, que veio a galope, do obrigatório e necessário reajustamento do quadro da economia interna, em decorrência precisamente da dívida. Não foi possível, como se insinuou, separar os bancos estrangeiros da articulação dos negócios intestinos.

O resultado aí está, em panorama que já se esboça em tradução política e eleitoral, que estropia o cavalo do comissário, ainda onde ele é mais veloz e, por voraz, com melhores dentes — no Norte, no nosso Norte dos barões, que não são assinalados por conquistas e feitos. O sintoma maior está no apelo das classes dirigentes ao discurso e à ideologia, depois que perderam os destinatários do poder a confiança em sua capacidade de governar, que se manifesta, segundo a sátira de Silone,[2] pela deficiência de audição. É certo que, para o Uruguai e para o Chile, por exemplo, nada comove ou abala o

---

[2] Trata-se de Ignazio Silone (1900–1978), escritor italiano. Em seu romance intitulado *Fontamara* (1933), Silone narra os processos de camponeses *cafoni* isolados politicamente, desde a ignorância e surdez até a sua progressiva tomada de consciência acerca de seus direitos. O romance é contextualizado no regime fascista.

poder. Para eles ainda tem validade a lógica de Cromwell[3], que costumava dizer não lhe importar o fato de 9/10 da população lhe ser hostil. Contava e contou com o décimo restante, que era o único armado. Ainda bem que de todas as línguas, pelo paradoxo da proximidade, a mais difícil de falar é exatamente a espanhola.

---

[3] Oliver Cromwell foi o líder mais destacado da chamada Revolução Puritana (1641–1649), marco histórico importante presente dentro da Revolução Inglesa que fez surgir e consolidar o regime político de base parlamentar em oposição ao referencial absolutista até então vigente na Inglaterra. O processo, entre outros, obteve como eixo fundamental a ascensão de interesses de mentalidade notadamente burgueses num contexto de domínio nobre de raízes ainda medievais. Mesmo possuindo, no entendimento comum, um perfil despótico — o que fazia dele, de certo modo, uma figura política e historicamente contraditória —, Cromwell se tornou um marco na pavimentação de um caminho que culminou no modelo de democracia parlamentar associada ao desenvolvimento do capitalismo inglês. A "lógica" referida por Faoro é referente a certo autoritarismo tipicamente ditatorial usado por Cromwell no enfrentamento das forças oposicionistas à sua "proteção à República". Ver mais em: Holmes, Richard; Young, Peter. *The English Civil War. A military history of the three civil wars.* Wordsworth, 2000, p. 1.642–1.651.

As profecias

19/01/1983

> O acúmulo de dados forma o que se convenciona chamar de
> processo de explicação da realidade, base para prever o futuro.

As informações acerca do mundo econômico, ordenadas e obtidas à revelia do oficialismo, permitem prever o comportamento das contas do país, num espaço curto. O acúmulo de dados forma o que se convenciona chamar o processo de explicação da realidade, base para prever o futuro. Explica-se uma circunstância, adverte o clarividente Norberto Bobbio,[1] para que a previsão tenha alcance prático. Fora daí, lembra o filósofo, entra-se no reino da profecia, em duas direções. Há a profecia que se destrói no seu desenvolvimento — a profecia verdadeira que não se realiza — e a profecia falsa que os fatos confirmam. Nas duas mãos desse trânsito de conjecturas, por obra da carência do fluxo de informações, as informações sonegadas e as informações manipuladas, haverá sempre o palpite em lugar do exame mais seguro dos fatos. Na raiz desse jogo de enganos e equívocos, pesa o sistema autoritário, que estreita o território da comunicação política no espaço que vai das elites aos círculos governamentais.

A crise atual, viva e mordente, não se limita, na sua visualização precisa, ao estudo do feedback no circuito das decisões e da resposta popular, bloqueada e tolhida nas suas expansões e endereço. Outra dimensão existe

---

[1] O italiano Norberto Bobbio (1909–2004) foi um importante filósofo e historiador da política. Na sequência do pensamento italiano crítico ao regime fascista e a todo um sistema teórico liberal o qual vinha sendo destacado na época, o nome de Bobbio foi vinculado também à filosofia do direito.

e que não está sendo pesada. Qual a consequência política do apocalipse econômico, ora em curso? O que está em causa vincula-se, na cúpula, ao aproveitamento das comunicações que não sejam a troca de gentilezas e amabilidades de uma confraria fechada. Numa sequência, roto o presídio de um núcleo de poder distante e arrogante, cuida-se de saber se o modelo, o processo, a dinâmica — os nomes não importam — vão continuar intocados, conduzidos unicamente por mãos mais hábeis ou mais astutas. Novamente, aqui o problema é também político, se o lance não ficar na superfície das conversações amenas e palacianas.

O quadro, percebem todos, está posto, em termos dramáticos, semeando perplexidades num palco oficial perdido na improvisação de expedientes e truques semânticos. Recuperar a verdade é muito e é indispensável, mas não é tudo. Depois de recomposta a verdade, com o acréscimo da restituição de credibilidade, entra em cena o poder político, com a tomada de decisões, ora adiadas dentro dos pequenos conciliábulos, infiltrados de banqueiros internacionais. Quando se alude que a questão relevante, no momento atual, é a questão política, indica-se que está em causa a mudança de roteiro, numa operação de largo curso. Não se creia que a farmacopeia tópica dos emolientes e dos unguentos sirva para alguma coisa: a dor, mesmo a dor epidérmica, continuará a se agravar, se uma decisão corajosa, ambiciosa e fundamental não der um giro no leme da pobre nau encalhada. Evite-se, entretanto, a perigosa sedução de supor que, para tanto, basta um golpe de sabedoria do timoneiro, isolado na nau capitânia.

Uma doença pertinaz

23/02/1983

> Na crise, segundo a linear definição dos léxicos, uma doença assume sua fisionomia, em direção à cura ou à morte do paciente.

No curso destes quase dezenove anos, nunca os escândalos e os desmandos se perpetuaram na imprensa e nos debates da opinião pública. As acusações, as denúncias — ainda que com a gravidade e a seriedade de um Riocentro — duraram o espaço de tempo de um foguete, morrendo ao tempo do estampido. Agora, há uma particularidade: elas duram e se encadeiam. A espiral de seu desenvolvimento, além disso, entra nas entranhas do sistema, desvendando áreas escuras e protegidas. Uma fonte atribui o fenômeno à guerra presidencial,[1] que já estaria aberta, envolvida em escaramuças em torno das conexões extrapolíticas dos candidatos. Haveria nada mais do que uma conspiração, alimentada do alto, numa florentina luta palaciana.

Parece que, nesse fogo cruzado de explicações, há o cuidado de manter fora do foco uma suspeita básica e inquietante: a exaustão do modelo político. Bane-se, no espetáculo de cores sombrias, por meio de uma série de

---

[1] Faoro refere-se a um início de transações políticas visando à eleição presidencial de 1985, reconhecida por ter sido a última realizada no sistema indireto de voto. Disputaram a sucessão de João Figueiredo o candidato Paulo Maluf, pelo Partido Democrático Social (PDS) — partido com alinhamento ao sistema político militar — e o candidato Tancredo Neves, representando a Aliança Democrática, frente política formada pelo PMDB e por membros dissidentes do PDS.

escamoteações surdas, uma palavra de origem grega, surrada mas perturbadora. Ninguém quer dar nome aos bois e, na perspectiva oficial, evita-se falar em crise. Na crise, segundo a linear definição dos léxicos, uma doença assume sua fisionomia, em direção à cura ou à morte do paciente, o evento encontra seu ponto crucial, para definir, na pior das hipóteses, entre as más consequências, aquela que prevalecerá. A teoria da crise, num tratamento teórico que transcende os dicionários, tem seu filósofo na pena sempre bem-dotada, muitas vezes genial, em alguns passos artística, de Burckhardt.[2] Liberto da conotação negativa do fenômeno, vê na crise uma potencialidade da aceleração da História. Há, todavia, crises superficiais e crises genuínas. Nas últimas, desencadeiam-se fatores cativos, reduzindo os anos a meses e os meses a dias. Há um largo espaço entre essa modalidade de febre e a revolução, que é mais complexa e mais ampla, bem mais ampla e bem mais complexa do que sonharam os autores dos preâmbulos dos pretéritos, mas ainda atuantes, atos institucionais.

Diante do que se está assistindo, numa sucessão de fatos em contínuo fluxo, a permanência da tempestade coletiva aponta para uma realidade conjuntural, mais profunda do que os fatos isoladamente estudados. O que era ontem normal, embora encoberto, mas de conhecimento generalizado, hoje espanta e fere a sensibilidade.

Os governantes, as elites estão vestidas com as cores da década de 1960, encharcadas dos seus preconceitos e do seu anacronismo, enquanto os espectadores sentem como homens dos anos 1980. O contraste cômico dá a nota alegre ao espetáculo. Com o olho nesta banda da realidade, já se disse que os povos se despedem alegremente do seu passado. Depois da tormenta, além disso, a recordação lembra com mais intensidade a comédia do que a tragédia e o drama. Na saída de cena de Maria Antonieta, os próprios historiadores, severos e distantes, recitam melhor Beaumarchais,[3] a inópia de Luís XVI do que as dramáticas condições do camponês e do trabalhador da França. Subitamente, o passado recente entra no campo

---

[2] Deve-se, em grande parte, a Jacob Burckhardt (1818–1897) a noção moderna de crise. O historiador suíço usualmente tido como teórico conservador se tornou uma das principais referências para a percepção e a compreensão das crises na história.

[3] Pierre-Augustin Caron de Beaumarchais (1732–1799) foi um dramaturgo francês criador das comédias *O barbeiro de Sevilha* e *As bodas de Fígaro*.

do anacronismo, despertando o riso, no primeiro ato o riso constrangido mesclado ao protesto, para que, no último ato, só reste o ridículo. Nessa altura, o passado fecha definitivamente as portas pelas quais poderia retornar.

A gerência verbal da crise

09/03/1983

Todo mundo, menos a corte, percebeu que o rei estava nu.

Depois de muitas negativas, bordadas de filigranas tecnocráticas, a crise aí está, reconhecida por todos, pelo homem da rua e pelo político sistematicamente governista. Houve, no seu momento culminante e dramático, o silêncio oficial, particularmente denso nas vésperas das eleições. No máximo, eram divulgadas, a título de informação, notícias sumárias, agressivas nas falas da voz macia do ministro do Planejamento,[1] que insinuavam a tolice dos que viam os rumos difíceis do país. Ao contrário, trombeteava o irritado intérprete do Olimpo, tudo estava bem aqui dentro, ressalvados os efeitos do desgoverno externo.

O resultado das eleições retirou a credibilidade dessa técnica de despistamento, que se revelou ineficaz no centro das decisões políticas. Todo mundo, menos a corte, percebeu que o rei estava nu. O próprio rei desconfiou de alguma coisa e, em lugar de pôr a boca no mundo, deliberou calar-se, para divertir-se, embora sem descontração, com o truque de seus incensadores. Bem verdade que, no entreato, irromperam na cena os escândalos — e, pior

---

[1] Tratava-se de um cenário de tensões na política econômica que colocava em evidência as medidas e declarações oficiais realizadas pelo ministro do Planejamento Antônio Delfim Netto e pelo ministro da Fazenda Ernane Galvêas. Num contexto de construção de diretrizes e estratégias governamentais direcionadas a imprimir certa austeridade às políticas fiscais e monetárias ligadas ao consumo e aos gastos públicos, o governo de João Figueiredo buscava elevar o discurso técnico da economia produzido politicamente em favor do "despistamento" da crise vigente. Nessas reflexões, Faoro toma como objeto a mensagem do governo ao Congresso na ocasião de sua reabertura anual em 1º de março de 1983.

do que os escândalos, a sua persistência nas folhas. É tempo, portanto, antes que o fogo se expanda, de falar, explicar e conjurar os maldizentes.

A primeira oportunidade para abrir a temporada está na previsão constitucional da mensagem ao Congresso, por ocasião de sua reabertura, a 19 de março. O presidente, por meio de um símbolo inscrito na ficção da independência dos poderes, comunica-se com o povo. O documento, que sucede historicamente à fala do trono, enroupa-se de solenidade, em linguagem alta, sonora e castigada, invariavelmente recheada de louvores à política posta em prática no ano anterior. Os brasileiros, pelos seus historiadores, sempre ignoraram essa peça conspícua. Unicamente os *brazilianistas* a levam em conta — eles, aliás, a descobriram nos poeirentos arquivos oficiais, repartições que sepultam papéis inúteis, guardados pelos bocejos de enfastiados classificadores de fichas. A mensagem, em regra transcrita na íntegra pelos jornais, não é lida por ninguém, publicada apenas para cumprir uma formalidade pública.

Perdido esse meio de comunicação, embaciado na retórica das imagens gastas, sobra o expediente heroico da palavra direita, diante da televisão e do rádio. Há quem não goste do método, que teria certa tonalidade cesarista, pelo contato, sem intermediários, com o povo, o que levou Mommsen[2] a identificá-lo como o começo da ditadura, com o desprezo do Senado. Deixe-se de lado essa caturrice do velho historiador, sabidamente reacionário. O processo, ao contrário, é válido e, em muitas ocasiões, necessário, não só pelo valor supletivo de corrigir a composta austeridade das mensagens anuais. Sua autenticidade depende, entretanto, do que se vai revelar, das medidas anunciadas e da franqueza acerca de eventuais erros cometidos. Fora daí, não haverá senão a tentativa de substituir a política pelo espetáculo, que um analista da política norte-americana, Christopher Lasch,[3]

---

[2] Theodor Mommsen (1817–1903) foi um importante historiador alemão com foco de estudos na Roma Clássica. Mommsen se tornou uma das principais referências para os estudos romanos, deixando uma dinastia de importantes historiadores, como seu neto Hans Mommsen, conhecido por suas interpretações polêmicas sobre o regime nazista nas quais problematizava a centralidade autoritária na figura de Adolf Hitler ao deslocá-la também para o campo da ideologia das elites conservadoras alemãs.

[3] Christopher Lasch (1932–1994) foi um historiador e crítico social norte-americano cujo pensamento se tornou uma referência em sua época para interpretações da democracia no âmbito das interseções entre moral e autoridade. Sob as inspirações teóricas de Freud e Marx, as principais obras de Lasch foram *The New Radicalism in America* (1965) e *The Culture of Narcissism* (1979). Lasch também foi fortemente conhecido pelas suas críticas ao liberalismo e à religião.

denunciou no governo Nixon. Para este as declarações, como técnica de trocar os eventos pelos pseudoeventos, fariam o milagre — não atendido pelos deuses da propaganda — de restituir aos governantes a confiabilidade e, por acréscimo, o prestígio perdido. Não sem ironia — inaplicável nas circunstâncias nacionais — observou o ácido crítico que o único discurso sincero de Nixon foi o da sua renúncia. Teria sido mesmo?

A neblina do segredo

23/03/1983

> Os segredos de alta política interessam a poucos, num meio em que a própria política não passa de uma ação entre amigos fichados e conhecidos, alheia aos simples mortais.

Descobriu-se, no Palácio do Planalto, no centro do poder, um admirável engenho de transmissão.[1] Não cabe ainda avaliar o alcance de suas ondas: se alguns andares do mesmo edifício ou alguns metros fora dele. O limite da eventual captação importa muito nas investigações futuras, que, cautelosamente, se moverão num mar de peixes de grande porte. Os segredos de alta política interessam a poucos, num meio em que a própria política não passa de uma ação entre amigos fichados e conhecidos, alheia aos simples mortais. A pesquisa qualificadamente policial partirá das premissas óbvias.

A pergunta, travada nessas fronteiras, esquece o essencial. A questão está em saber o porquê da audaciosa curiosidade. Resolvida essa nota prévia, os personagens desfilarão naturalmente, diante da tela das especulações. No porquê está a incongruência de todo um sistema: a reação da atividade política ao segredo, que se tece de fatos e de indagações. A escuta, seja a telefônica ou a que se filtra dos gabinetes, esta, desde o método do ministro Polônio — o método do ouvido primitivo —, fornece uma série de indicações, provavelmente sem significação para quem viva alheio à alta política, aos seus mistérios e aos seus códigos privativos. Os fatos, dizia um filósofo

---

[1] Os aparelhos de escuta e transmissão foram encontrados na parede em obras do gabinete presidencial de João Figueiredo, em março de 1983. O conteúdo das gravações não foi publicado.

da linguagem, se distinguem em *fatos brutos* e em *fatos institucionais*. Só os últimos fornecem a chave dos primeiros. Um regime aberto, com uma estrutura basicamente democrática, reveste-se de um vocabulário natural, que penetra em toda a sociedade, capaz de unificar o estilo da política. Ao contrário — prossiga-se nesse prolongamento da teoria original —, o jogo das comunicações seletivas e exclusivistas separa os dois campos, criando duas espécies de cidadãos. Nesse passo, uma vez identificado o porquê do segredo, não será difícil identificar os atores que a ele querem se qualificar, mediante o custo altíssimo, em dinheiro e em risco.

Ao espectador das manobras, que cobrem o teatro do poder, os fatos brutos se mostram com transparência. Com base neles poderá formar quadros de recorrências estatísticas, conjecturar acerca de reuniões entre líderes e explicar a frequência de certos encontros. Mas, para compreendê--los na sua dinâmica, há de recorrer a certas regras que constituem os fatos institucionais. Diga-se desde logo que, contra as aparências, as normas de base não estão na Constituição, a qual, como biombo, não se eleva acima dos fatos brutos. Quem devassa os segredos presidenciais, portanto, há de estar habilitado a decifrar as mensagens que se expandem por meio de um jargão previamente conhecido e conhecido por poucos e privilegiados ouvidos. Os fatos brutos não se generalizam, dessa forma, senão depois que transitam numa tela institucional.

A parte não explorada da lógica, no mundo aparentemente alógico da política, há de fornecer a solução do enigma que sai de dentro das entranhas do gabinete presidencial. Por esse caminho, o rol dos suspeitos não vai além da meia dúzia — meia dúzia é não apenas força de expressão — das pessoas capazes de decodificar as falas, os silêncios, as reticências de uma reunião de cúpula. Fora desse círculo iluminado não há suspeitos: seria absurdo que alguém investisse pesadamente num lance sem resultados decifráveis. Desta vez, a identificação dos responsáveis revelaria o contorno do regime. Não será temerário prever que só haverá bodes expiatórios ou o inquérito inconcluso.

A ficção federativa

30/03/1983

Um copo de água fria faz baixar a febre, lembrava o velho Cícero, mas não mata a infecção.

Surpreendem-se os governadores, depois da posse, com o estreito campo de seus poderes.[1] Entre as promessas eleitorais e a realidade se coloca não apenas a falta de recursos financeiros senão também um imenso cipoal de restrições constitucionais. Ocorreu aos assessores deslumbrados de um deles, o do Rio de Janeiro, uma ideia salvadora para sair do atoleiro: a reforma, pura e simples, da Constituição local. Com isso o Estado recuperaria a autonomia, tolhida supostamente por obra dos constituintes estaduais, ilegitimamente atrelados ao modelo federal.

Descarte-se, desde logo, a hipótese do escapismo: tocar na Carta do Rio de Janeiro para fugir ao debate acerca da Constituinte. Não se afaste, entretanto, em homenagem à verdade, um certo tom demagógico, inscrito numa proposta que sugere mais do que pode. Aos estados, sabem todos, são conferidos todos os poderes que, explícita ou implicitamente, não lhes sejam vedados pela Constituição da República, segundo a letra de um de seus artigos. Há princípios federativos dos quais os estados não se podem

---

[1] A ocasião é marcada pela posse, em 15 de março de 1983, dos governadores. Trata-se da primeira eleição direta para governadores de estado em quase vinte anos, que elegeu, entre outros, Leonel Brizola no Rio de Janeiro, Tancredo Neves em Minas Gerais e Franco Montoro em São Paulo. Na época, marcados por um contexto de crise econômica, os discursos políticos, em geral, se polarizavam entre as ideias de independência do regime militar (PDS) e de cautela nas mudanças a serem empreendidas (PMDB e PDT).

afastar, que vão desde a forma republicana representativa até o processo legislativo, além da partilha tributária e da fiscalização financeira. Não há reforma constitucional, ao nível dos estados, que alargue tais barreiras. O "socialismo moreno", por mais vago que seja na sua latitude, não pode implantar-se apenas dentro das fronteiras de um estado, à garupa da União pelos freios constitucionais, sem dúvida abusivos. Abusivos, todavia, na cúpula e não na base, como desavisadamente se quer fazer crer.

Para dar maior densidade aos princípios federativos, o Supremo Tribunal Federal, com o protesto de algumas vozes isoladas, como, em outro tempo, o ministro Victor Nunes Leal,[2] esboçou um modelo federal, obrigatório para as unidades federadas. Nesse ponto seguiu o rumo do sistema norte-americano, também centralizador no início de sua história. Um sagaz observador das instituições norte-americanas, Harold Laski,[3] depois de registrar o curso unitário de sua Constituição Federal, supôs que a autonomia dos estados seria unicamente uma fase de transição: profecia que os fatos confirmaram com reservas claras e intransponíveis.

O que há de normativo na Constituição do estado tem sua raiz na Carta Federal. As expressões drenáveis pertencem a uma floresta de dispositivos programáticos, quase vazios de comandos, manifestações inócuas de intenções. Em lugar da mudança impossível pode o governador se abster de enviar à Assembleia Legislativa projetos de lei com a prefixação de prazo, bem como confiar a este órgão matérias sobre as quais ele já se pronunciou.

---

[2] Victor Nunes Leal (1914–1985) foi um dos principais pensadores políticos do Brasil. A sua obra *Coronelismo, enxada e voto* se tornou a principal referência para estudos acerca das oligarquias e facções políticas locais no Brasil. A sua análise dos sistemas de compromisso entre forças municipais, forças estaduais na influência e dominação do voto revela as intensidades das relações de poder localizadas no interior de práticas políticas baseadas historicamente no "mandonismo local". Esse sistema de poder, segundo Leal, permaneceu de forma contínua na história da formação do município brasileiro. Contextualizado por constantes tensões entre as ordens apresentadas ora pela tendência de centralização, ora pela descentralização, o município, em todo o seu arranjo burocrático vinculado antes à metrópole e depois à "política dos governadores", teria estruturado uma cúpula política local. Faoro, cujas ideias foram muito influenciadas por Leal, afirmava que esse sistema partidarista, nas formas de um paradoxo aparente, só se fixou como estatuto local em razão de investidas do governo central na dominação de suas populações dispersas.

[3] Harold Laski (1893–1950) foi um cientista político britânico destacado por intensas relações entre a vida acadêmica e o ativismo político. Entre os seus principais argumentos sobre a política, Laski defendia as investidas descentralizadoras, encorajando a participação popular baseada nas organizações de trabalhadores.

Em lugar do polimento, do decote de galhos ornamentais, resta sempre o caminho de buscar a enfermidade onde ela está e não nos seus sintomas secundários. Um copo de água fria faz baixar a febre, lembrava o velho Cícero, mas não mata a infecção. A sede do autoritarismo está na Constituição Federal, escoltada por muitas leis arbitrárias que ela não impede, e não nos inócuos documentos estaduais. Olhe o governador do Rio de Janeiro para suas origens, atento à contribuição da OAB do Rio Grande do Sul, que, sob o pressuposto da Constituinte, elaborou sugestões concretas e articuladas para restaurar a federação anulada.

A galinha e o ovo

13/04/1983

> A reformulação política e jurídica, que devolva ao país a legitimidade e um regime de real participação popular, não depende da troca de homens ou partidos.

A estação abre-se com um debate político. Entende uma vasta área da oposição que a questão central do atual impasse está na ausência da eleição direta para a presidência da República. Não há na proposta a fuga ao desastre econômico-financeiro que invade as empresas e persegue o bolso da classe média e do operariado. A renovação de comando traria à tona reais lideranças, capazes de ouvir os clamores gerais e devolver ao país a credibilidade dos dirigentes.

A tese conta, sem sombra de dúvida, com o aplauso público. Na memória de todos brilha a lembrança de outros tempos, em que a participação no processo eleitoral comprometia o votante e voltava o detentor do poder para sua base, com fina ou, quando menos, astuta sensibilidade. O governante, acaso desviado da sua origem, temeria a próxima eleição, que poderia devastar o seu partido. O divórcio entre o povo — ou, pelo menos, das camadas mais próximas a ele — e o gabinete presidencial não seria tão agudo como nos tempos de eleição indireta, na verdade um simulacro institucional entre pares e lordes. O fato econômico, na sua agressividade, encontrava, de modo imediato, uma resposta política.

Sobre essas águas — a memória e a esperança da recuperação da política, ora banida — começa a navegar a nau oposicionista. Da praia situacionista, o panorama é outro. Como abandonar um posto que está conquistado, em troca de uma provável derrota nas urnas? Talvez o problema não seja tão simples. Há, nesse território, latifúndios que disputam a hegemonia e, com a ameaça de falência, para não perder tudo, podem aventurar-se ao risco de uma campanha nos comícios. A hipótese, embora incerta, existe, ainda que como ameaça dos contendores, uns contra os outros, encobertos ou ostensivos dos aspirantes à faixa presidencial. Só assim e admitida uma rebelião branda, o projeto teria viabilidade, a viabilidade capaz de ultrapassar os 2/3 dos congressistas empenhados na reforma constitucional.

Se o dissídio ficar por aí, haveria, mesmo que tudo desse certo, uma mudança de guarda, em termos reais e não apenas simbólicos. O novo presidente, eleito diretamente, teria todos os poderes inscritos na atual Constituição, escoltada pelas leis vigentes, inclusive a de Segurança Nacional e de Imprensa, para citar apenas duas.

A estrutura autoritária permaneceria intocada, gerenciada por um homem escolhido com outros métodos. A oposição, na campanha que está prestes a lançar, parte de um pressuposto que é um dogma: o presidente será indicado nas suas fileiras. E se não for assim? Se ela se dividir, não haveria o risco efetivo de haver levado a água para o moinho do adversário, com o eventual descrédito do próprio mecanismo que vendeu como uma fórmula de salvação pública?

A reformulação política e jurídica, que devolva ao país a legitimidade e um regime de real participação popular, não depende da troca de homens ou partidos. O processo legislativo, sob o escudo do qual se editam decretos-leis, se a proposta ficar limitada às fronteiras ora traçadas, continuará o mesmo, iguais serão as salvaguardas que minam o sistema político.

O cabo do machado estará em outras mãos, mas o fio cortará com a contundência de outros tempos, decepando impiedosamente muitas cabeças, em nome de uma fictícia reconquista democrática, mais um remendo numa colcha de remendos.

As crises contra a crise

01/06/1983

Quem quiser iludir-se com a cor da casca que espere a polpa da fruta, já contaminada antes de amadurecer.

O sistema de eleição indireta, astutamente ajudado pelos dirigentes políticos, criou, com todas as cores de uma crise, a competição dos presidenciáveis. Enquanto o jogo era feito exclusivamente dentro do naipe de espadas, as rivalidades se mantinham, senão ocultas, pelo menos distantes da opinião pública. Com a emergência de outros competidores, todos selecionados dentro da alta burocracia, definida na escala de ex-governadores biônicos, ministros e vice-presidente, fez-se necessária a presença, na mesa do júri final, de um moderador. O moderador intitulou-se, desde logo, o coordenador supremo, com os mesmos títulos de Washington Luís em 1929. Entre coordenador e ordenador a diferença é apenas de duas letras.

Na verdade, nesse viveiro de raposas em que se transforma este alegre final de regime, os vetos implícitos, os estímulos discretos e as negaças espertas criam uma crise de superfície. Crise oportuna, diga-se desde logo, oportuna e desorientadora, que encobre a crise real e genuína, que assola o país com violência desconhecida há mais de cinquenta anos. Desviadas as atenções, o impasse econômico-financeiro, o desemprego, a dívida externa, a moratória iminente — com a profunda transformação que trará ao panorama social e econômico — entram no território do sono e do esquecimento.

No campo da opinião pública, essa supostamente hábil manobra traz resultados apenas aparentes. A crise, a verdadeira crise, intoxicada e entorpecida, cava outro leito. Em lugar de provocar o engajamento popular, na mão torta do tráfego, faz emergir outras expectativas, explosiva combinação das dificuldades dissimuladas e de um novo caminho. Percebem os destinatários da manobra que o sistema institucional entra, com os derivados propostos, em colapso. Procuram, por isso, um atalho de emergência, que não é o proposto pelo governo. Na ilha artificial penetra a nostalgia do carisma, que voa de cabeça em cabeça, até que se fixe na mais audaciosa, na mais irresponsável, na única que prometa *salvar* o país num e em muitos lances de mágica. Por essa porta, desestabiliza-se o arremedo constitucional existente sem chegar a um quadro de legitimidade. Basta frequentar as ruas para sentir que o povão e largos setores das "elites estratégicas", engambelados pelo esquema oficial, perdem o rumo de suas preferências e de suas esperanças.

O laboratório de Brasília, ao modelo do dr. Fausto, preocupado em criar o homúnculo por meio dos retalhos de informações do SNI, desperta, sem querer, o surgimento do demagogo, que acorda dos resíduos populistas. Substituir-se-á, com o processo, um autoritarismo, um autoritarismo imobilizador e fechado, por outro autoritarismo, mobilizador e sem que promova a participação social, por carência de mecanismos institucionais adequados. Esse seria o ponto de chegada das inteligências exaustas e envelhecidas de vinte anos de comando por meio de fórmulas, teimosas, obstinadas na empresa de manter o poder, outrora por meios militares, hoje por meios políticos.

Todo mundo percebe, menos os felizes hóspedes de Brasília, que uma crise não se destrói com outras crises, domesticadas e vigiadas. A crise, irresolvida e mascarada, continuará no palco e na plateia, pronta a se expandir em outra direção, que reserva profundas frustrações, num retorno do ciclo. Quem quiser iludir-se com a cor da casca que espere a polpa da fruta, já contaminada antes de amadurecer.

A Casa Verde

22/02/1984

A astúcia do alienado procura demonstrar que os loucos são os que estão fora dos pátios do asilo.

Todos conhecem a Casa Verde, uma glória dos tempos coloniais, erguida com o propósito de "meter todos os doidos dentro da mesma casa".[1] Ignorou-se, em dois séculos de atividade, que a instituição floresceu como dependência dos governos, espécie de ministério anônimo, atuante, vivo, mas teimosamente oculto. Dos seus aposentos sai um ministro, tocado do delírio presidencial, a correr o país, esbanjando bilhões que não existem e que não serão pagos. De outro apartamento, um evadido ameaça as gentes com promessas de enriquecer e domar uma classe de fantasmas, chamada classe política, a conhecida confraria de pedintes. Os ajuizados observam o espetáculo e, tocados do contágio, aderem ao carnaval, para mostrar que também eles são pintores.

A nação não acredita no teatro: sabe que a Casa Verde existe, mas está certa de que a disputa de hóspedes não pertence ao seu mundo. Entre a lou-

---

[1] A "Casa Verde" é uma alegoria central em *O alienista*, de Machado de Assis. Na obra publicada 1882, nitidamente inspirada por situações literárias e políticas da época, o protagonista Simão Bacamarte figura as interseções entre política e ciência na produção de pequenos poderes despóticos. Ao criar, com o suporte amplo do governo municipal de Itaguaí, o hospício "Casa Verde", Bacamarte, munido pelo cientificismo e pela autoridade técnica típica da época, aprisionava alienados com mania de grandeza. Ao trazer as referências de Machado de Assis, Faoro tem como perspectiva principal pensar de maneira crítica a viabilidade autoritária e tecnocrata da classe política no contexto das campanhas pelas eleições diretas.

cura e a sanidade há, tal a força da primeira, uma fronteira flutuante, vaga, incerta. A astúcia do alienado procura demonstrar que os loucos são os que estão fora dos pátios do asilo. Nada melhor, para a dissimulação e a máscara, do que o jogo de fórmulas, vazias, mas que obriguem ao debate. Enquanto isso, corre o tempo e com ele se prolonga o domínio da administração do hospício. Administração é o termo próprio. Nesta altura, governo, com o significado de liderança, não há mais. Sobra a rotina, a atividade passiva da assinatura de papéis que não corporifiquem decisões, senão o carimbo das formalidades imprescindíveis.

Diante de uma proposta racional, a única proposta racional de uma democracia, o delírio e a mania das grandezas enredam-se nas manobras de sempre, velhas da idade da Casa Verde. Eleição direta, sim, mas não agora. Não percebem os articuladores que, ao não disporem da maioria qualificada de dois terços, se incapacitam para sustentar a pequena fantasia.

A loucura, é sabido, tem lá seu método. A escapatória do adiamento tem dentro dela dois patamares, que se mostrarão nas próximas semanas, encobertos na poeira dos ataques e contra-ataques. Se não controla a maioria, controla o proponente a possibilidade de escolher a data para a votação no Congresso. A aparência aponta para adiar a deliberação para o período em que sejam inelegíveis os governadores (15 de agosto). A investida, que descobre um ponto negociável, uma vez que a eleição direta não tem donos e não tem objetivos personalistas, quer, na verdade, se alojar no patamar seguinte. Aí é que está o jogo para valer, numa fortaleza provável, mas ainda remota.

Percebe o partido oficial que seus escudeiros, imprudentemente liberados da vigilância dos cuidados médicos, podem pôr fogo no circo. A vitória na Convenção de um deles — de um dos dois — esfacelaria a precária e artificial maioria do Colégio Eleitoral. Depois da Convenção (até 5 de setembro), ficaria evidente — esta é a hipótese — que a oposição faria o presidente da República, na sombra da suspensão da fidelidade partidária. Ganhará a oposição com as armas do governo. Diante dessa certeza, decrete-se que as eleições sejam diretas, recurso último e desesperado de uma guerra perdida. A oposição estaria presa pela palavra e não se poderia esquivar ao golpe. Qual a prova da conjectura? Ela está nos horóscopos que circulam nos jornais, em tráfego sem ruído. Não se trata, na verdade, de uma conspiração da Casa Verde, onde não vigora a lógica comum e rasteira de todo o mundo?

Parte II

A transição com "T" maiúsculo
(1983–1985)

A visível e a invisível sucessão

13/07/1983

> O lugar-comum é uma espécie de mentira preguiçosa, que ocupa o espaço da indagação que não se quer fazer.

A enfermidade do chefe do governo, além da justa e sincera onda de solidariedade, lançou sobre o país uma enxurrada de lugares-comuns.[1] O lugar-comum é uma espécie de mentira preguiçosa, que ocupa o espaço da indagação que não se quer fazer. O fato, com suas interrogações, fica interinamente sepultado, em favor de uma versão que nada diz, mas promete melhor reflexão. Entendeu-se, entre outras consequências do triste episódio, que a sucessão presidencial, ora em ritmo excêntrico, permanecerá congelada, numa trégua de cavalheiros.

Na verdade, o que se diz esconde exatamente o contrário do que se quer dizer. O debate sucessório só não ocupará toda a cena política em virtude da censura, do quase veto, a duras penas manobrado pelo presidente da República e seu grupo militar. Sem essa trava, ou melhor, sem esse freio — para falar linguagem mais própria ao estilo dominante —, os candidatos já teriam chupado a carótida uns dos outros, neste final de mandato, nervoso e incerto. Cessará, sem dúvida, em respeito à ausência do articulador ou do ordenador, a antropofagia ostensiva, em favor da maior desenvoltura subterrânea. Enquanto as hostilidades estão suspensas, os estrategistas moverão suas tropas, silenciosamente, para novas posições, à procura do fato consumado, a real e segura pedra filosofal de todo o curso histórico do país.

---

[1] Em julho de 1983, Figueiredo foi submetido a uma cirurgia para colocação de pontes de safena, nos Estados Unidos, permanecendo licenciado da presidência por 44 dias.

Os sôfregos aspirantes ao prêmio maior sabem que disputam uma posição mais simbólica do que efetiva. A autocracia em que vivemos, cujo trânsito para a democracia é uma promessa solene, tem dentro de si uma ditadura. A ditadura não alheia, porém oculta, existia implícita no regime de 1946. Representa o elo entre o poder militar, hoje definido na segurança nacional, e o poder civil, que é face exterior e representativa do sistema. Outrora, ela irrompia nas horas de crise, hoje se incorpora ao próprio mecanismo institucional, tal como está aí. O candidato não a comandará, senão que será por ela tolerado ou conduzido, dependendo das circunstâncias: se bem-sucedido irá para outro posto, previsto pela Constituição, com as honras e sem os poderes do cargo supremo. Lembre-se o esquivo duelo da Presidência Geisel entre um território e outro, com a supremacia que consagrou a abertura. Recorde-se o campo cinzento, no governo em curso, em que se dispersaram os choques no incidente do Riocentro.

Diretas ou indiretas as eleições, se permanecer o vigente quadro, o esquema permanecerá o mesmo, fato que indica o limite da campanha pela mudança do atual processo sem invocar a Constituinte. Tudo sugere, se prolongada a ausência do chefe do governo, que o movimento da sucessão sairá do mundo visível para se refugiar no invisível, sobre o qual o substituto não tem controle algum. Afastada a palmatória do Palácio do Planalto, a condução se deslocará para a ditadura embutida dentro do regime, como já se percebe na advertência do ministro da Marinha.[2]

Por esse caminho chegar-se-á, sem que ninguém saiba como, à utopia suíça, a dos sonhos de Borges,[3] onde ninguém sabe e ninguém quer saber

---

[2] Na época, o debate político central em torno das eleições diretas mobilizava diferentes posicionamentos no interior da classe política. Na maioria das vezes, com muitas imprecisões e apresentando posturas vacilantes, os membros do governo, estimulados pelo licenciamento do presidente Figueiredo, emitiam declarações sobre o processo político que daria viabilidade ou não à eleição direta. Naquele contexto, o ministro da Marinha, almirante Maximiano da Fonseca, afirmou que somente o Congresso Nacional poderia realizar alterações as quais poderiam, exclusivamente, promover as eleições diretas.

[3] Referência ao escritor argentino Jorge Luis Borges (1899–1986). Dentre os temas mais presentes na obra de Borges estão o sonho, a ficção e a crença, os quais, ao se combinarem entre si, concedem direção estilística a um legado do qual um dos referenciais em maior evidência é o elemento fantástico. Em 1914, o escritor, na esperança de encontrar tratamento para uma doença degenerativa do pai, muda-se para a Europa, morando inicialmente em Genebra, na Suíça, onde conclui os seus estudos.

como se chama o presidente da República. Com uma ressalva, não alheia ao escritor argentino: os políticos se transformam em personagens secretos, que falam e atuam por meio de sósias, sem que se distingam dos atores — uns são outros e vice-versa. Enquanto isso, os jornais vão consumir muito papel em torno de espantalhos e hipóteses.

O equilíbrio instável

20/07/1983

> Na zona cinzenta, que vai do equilíbrio à estabilidade, preten-
> de-se que aquele, na imobilidade de posições conquistadas,
> entre no lugar desta, que é coisa diferente e muito diferente.

A maré grevista, que teve o curso e a duração de um foguete, definiu, sem premeditação, a extensão do movimento no estágio social em curso.[1] Em primeiro lugar, nota-se que se encurtou, com a tendência a desaparecer, o espaço entre as reivindicações salariais, de natureza puramente econômica, e as reivindicações políticas. O fato político, na medida em que dirige, de modo direto, o estatuto trabalhista, tem incidência imediata sobre a sociedade. Esta responde, em consequência, com demandas despidas de conteúdo concreto, tangível, individualizado. Entra na sombra, na conjuntura, a estrutura negociada, que, embora nem sempre explícita, atua em todos os atos de governo. Em segundo tempo, deve-se ponderar que a congruência entre a sociedade civil, na qual os sindicatos têm papel saliente, ao governo caiu verticalmente, em decorrência da restrição à autonomia do último. Basta ler o documento que orienta a missão do FMI para que não se tenha nenhuma dúvida acerca do limite das opções remanescentes às autoridades brasileiras.

---

[1] Trata-se da maior greve geral ocorrida durante o regime militar. Subordinada ao sistema financeiro do FMI, a política econômica nacional buscava alterar as regras da política salarial indexadas abaixo do índice de inflação. A partir desse contexto, e também motivada pelo alto desemprego e pela elevação dos custos de vida, a classe trabalhadora aprovou em 16 de junho o estado de greve.

As greves que visam à modificação do rumo político são, portanto, na essência, as velhas greves de outrora, conscientes de que os empresários — os públicos e os privados — perderam seu poder de decisão. O endereço será outro, como resultado necessário das novas circunstâncias, embora no fundo os reclamos permaneçam inalterados. Por que importunar o patrão, se este nada pode fazer, senão cumprir cegamente as diretivas governamentais? O raciocínio não será tão sibilino que o não perceba o sindicato, embora desajudado da experiência e do convívio com os gerentes de Brasília. Esses redutos alheios ao debate democrático ou parlamentar respondem, embora se procurem ocultar da opinião pública, pelas regras do jogo, contra as quais se rebelam os operários e contra as quais murmuram os empresários. As grandes e genéricas linhas de orientação do passado se traduzem, atualmente, no varejo. Na confusão entre os estilos, as reivindicações adquirem pureza e lucidez no alvo, agora incapaz de manter sua mobilidade desnorteadora.

Firmadas essas premissas, começa um capítulo novo de ameaças inéditas. Desafiada a periferia econômico-financeira, busca ela defender-se na trincheira que está no centro do poder. Os condutores tecnocráticos, feridos na sua infalibilidade e onisciência, cuidam transferir a sua defesa para o campo das medidas e do estado de emergência, como se noticiou timidamente, timidamente para ensejar o desmentido fácil. A técnica é conhecida: um quisto administrativo, para não sofrer o risco de arcar com nenhuma responsabilidade, transfere o debate para o território da estabilidade institucional, confundida com a aderência dessas tênias ao mando. Na zona cinzenta, que vai do equilíbrio à estabilidade, pretende-se que aquele, na imobilidade de posições conquistadas, entre no lugar desta, que é coisa diferente e muito diferente.

Se um dia tiverem êxito os setores periféricos na sua manobra de envolver as instituições na defesa de sua invulnerabilidade ao desafio, os fantasmas do AI-5 ganharão carnes e cores. O poder arbitral do cume da política se deslocará, numa viagem em que se conhece a partida, mas não o ponto de chegada. Blindados pelas emergências, certos e conhecidos grupos reforçarão seus casulos, impenetráveis a todas as críticas, tidas como desestabilizadoras, quando não passam de ajustamentos no equilíbrio de superfície.

A ameaça direta

16/11/1983

Em lugar de lutarem pela transformação estrutural, os caudatários de carismas rotos querem uma poltrona, nada mais.

Colhido pela rebeldia interna, ostensiva ou oculta, os bonzos do regime
buscam um traço de união no medo. O medo, cultivado nas insinuações
oficiais, consiste na eleição direta. O jogo, em outras palavras, monta-se com
a seguinte proposição: ou o partido do governo se submete, manso e cabis-
baixo, à coordenação presidencial, reticente, decidida previamente, ou virá
a eleição direta. A tática, manchada de oportunismo, não quer o resultado,
finta de um floreio rombudo, mas o seu contrário, com o risco, entregue a
outros, de incendiar o casulo do autoritarismo. Com um marimbondo na
mão, já certo e seguro, antes que ele dê sua pontada, conviria largá-lo, se
indomesticável.

Outra coisa não significam os balões de ensaio que voam na noite retardada
de São João. Em terra firme, evoca-se a presença do vulcão — o povo, na versão
dessa anêmica, incapaz e evanescente classe política, dona dos comandos que
o voto lhe negou. Dele se apropriou, entretanto, pela letra constitucional, obra
de ficção de restrita origem e validade sem base. Esse mecanismo se alarga
por um artifício, o chamado consenso, que aumenta o número de sócios do
clube fechado. Está aí o grau máximo de sua elasticidade. Fora do círculo dos
pares, na câmara alta do poder, há o espantalho, que importaria na mudança
da guarda, sem os controles da elite togada ou fardada.

O esquema arrebata, na sua sedução, também aqueles que estão fora do
teatro de lugares marcados. Entram na combinação tácita os aspirantes, que,

ao contrário da fidelidade às causas populares, cuidam em demonstrar que eles são pintores, como os outros. Esquivam-se do papel eventual de coveiros do regime, para demonstrar, em suas falas e gestos, que não são mais os mesmos, libertos de seu temperamento e de suas antigas convicções. Eles querem provar — sem que ninguém lhes haja pedido o certificado — que, com eles, nada muda, senão a transitória fantasia da mobilização popular. Para serem admitidos no salão, ao qual não têm acesso pela combinação de cúpula, tatuam a pele e enfarinham a cara. A questão está na roleta de entrada, que só dá lugar a uma pessoa, de tempos em tempos. Em lugar de lutarem pela transformação estrutural, os caudatários de carismas rotos querem uma poltrona, nada mais. A eleição direta é, para eles, uma variante — a última na medida de suas ambições, como a moeda que recebe um carimbo para determinar o seu valor real, num mercado que continua inalterado.

Eleição direta quer dizer alguma coisa mais do que uma ameaça e do que uma habilitação no palco das estrelas. Que o diga Alfonsín[1] e que o diga o povo argentino. Sua legitimidade não está na contagem de votos previamente determinados, com líderes caricatos, mas fundamentalmente no arquivamento do regime, num patamar necessariamente democrático. Se há uma lição e um exemplo abertos no Cone Sul, o exemplo e a lição não sairão das aparências, das superfícies e das manipulações propagandísticas, enquanto não chegar ao seu cerne. É certo que os pretendentes — os que estão na vanguarda das eleições diretas — dirão que, contra uma tática, usam outra tática. Para chegar ao dia da decisão, procurariam não assustar o grupo decisório do regime: depois tudo será diferente. Na empresa que usa um ardil contra outro ardil, perde-se a autoridade daqueles que não deveriam vestir unicamente o manto, mas o poder qualificado pela verdade. Será imprescindível, no lance que se aproxima — na verdade ou na mentira —, que não se entre num baile de máscaras, mas num verdadeiro combate, sem medo e sem dissimulações.

---

[1] Raúl Ricardo Alfonsín (1927–2009) foi presidente da Argentina imediatamente após o período de ditadura militar. No momento do texto, Alfonsín estava prestes a assumir o mandato que se iniciou no dia 10 de dezembro de 1983.

As inseguranças da Lei

21/11/1983

> O retrato não pode, entretanto, desmentir o original: o regime se reflete na lei.

O retrato do regime, periodicamente retocado, está na Lei de Segurança Nacional.[1] Ela define, convertida em repressão, a ideologia dominante e obrigatória. O ponto básico da ideia de defender o Estado contra os cidadãos (o núcleo de uma Lei de Segurança Nacional) reside no sentimento de que o carrasco é, em última instância, o guardião da ordem. Se se quiser atualizar esse velho dito de Joseph de Maistre,[2] um dos pais do autoritarismo moderno, basta dizer que o carcereiro ocupou o lugar devoluto, com o abandono da pena de morte. Quem prende, no texto em discussão, e no texto revogado, não é o juiz, mas a autoridade que preside o inquérito, com a subsequente incomunicabilidade, sequer ressalvada para que o advogado lhe oriente a defesa. O juiz, nessa fase inicial, em que impera uma voz sem controle, limita-se ao papel de espectador da violência legal.

---

[1] A Lei de Segurança Nacional é um dispositivo normativo criado para consolidar e garantir a segurança nacional do Estado, tendo como antagonismo comum a ameaça contra a lei e a ordem. De conteúdo diverso no tempo, desde 1935, a LSN ganhou, em cada época (1935; 1953; 1967; 1969; 1978; 1983), o teor dos desenhos políticos vigentes. Para Faoro (1986, p. 61), a "segurança nacional" tratava-se de um aparelho coercitivo dissimulado, e justificado como se fosse uma ideologia.

[2] Joseph-Marie de Maistre (1753–1821) foi um filósofo e diplomata francês que se tornou um dos principais referenciais para o pensamento conservador. Entre outras ideias, Maistre associava a figura de um executor público à guarda da ordem social num contexto de absolutismo lógico.

Debaixo do escopo de guardar o regime representativo e democrático, dentro do estado de direito, continuam os civis expostos ao foro especial da Justiça Militar. Se sincero o corpo do projeto, não haveria melhor oportunidade de entregar os civis, que não cometam crimes militares, não são militares, nem lhes estão assemelhados, ao império da Justiça Civil, onde, na primeira instância, não deliberem pessoas vinculadas, pela hierarquia e disciplina, ao Poder Executivo e, onde, em segunda instância, não prevaleça, pela origem, o juiz fardado. O retrato não pode, entretanto, desmentir o original: o regime se reflete na lei.

Trata-se, sem dúvida, de um poder menos feroz do que aquele que se manifestou em 1967 e, sobretudo, em 1969. Ele se abrandou, tornou-se, de outro lado, mais seletivo em seus pontos sensíveis. Não é verdade que deixou de temer os meios de comunicação. Explicitamente mencionou, num artigo-chave, o rádio e a televisão. Em outro, recoberto de sutilezas, a imprensa não foi poupada. Princípio tradicional do direito criminal, inscrito no Código Penal, somente amplia o conceito de calúnia quem a divulga, sabendo falsa a imputação. A nova Lei de Segurança,[3] se vingar, penaliza a calúnia e a difamação — verdade que restritas às autoridades privilegiadas — para quem, conhecendo o caráter ilícito da imputação, a propala ou divulga. Há uma diferença entre as duas circunstâncias, confiada à sabedoria, em primeiro lugar, do carcereiro e, em seguida, à criatividade da Justiça Militar. Qual a razão do desvio da letra consagrada na própria vigente Lei de Imprensa? Uma lei, rigorosa no seu processo, e sumária na sua execução, não deveria esconder, na manga do paletó, uma carta enigmática.

Obviamente, a proposição, ora em debate no Congresso Nacional, prenuncia uma reforma na Lei de Imprensa. Não se duvide que ela já esteja em curso nos laboratórios secretos do Ministério da Justiça.

Nela ficará esclarecido se o governo se propõe ou não, sempre que haja a sombra da calúnia ou da difamação, a cultivar o segredo, ainda mais o segredo que se propala justamente por ser segredo. Se um deputado entender que o presidente da República cometeu crime de responsabilidade, iniciando a acusação constitucionalmente prevista, nada justifica que os meios

---

[3] O conteúdo da nova disposição da Lei de Segurança Nacional (Lei nº 7.170/83) definia crimes contra a "segurança nacional", concedendo robustez à tendência jurídica de proteção à ordem política e social.

de comunicação calem o fato, embora inconsistente, temerosos das penas da lei, que abrangem, se imune o autor, o chamado responsável sucessivo.

Resta, finalmente, o desconsolo de votar uma lei que, apesar de ser infiel à democracia, é melhor do que a elástica, imprevisível e draconiana Lei de Segurança, que ainda permanece vigente para proteger uma autocracia em dissolução, obstinada em não soltar o sopro derradeiro.

A caricatura do candidato

14/12/1983

> O que distingue um candidato de outro, na corrida para o
> vedetismo, não serão os projetos públicos, mas as qualidades
> particulares e pessoais extremadas até a caricatura.

O homem público, nos termos do modelo vitoriano, como molde para a biografia e a estátua, não frequenta mais o teatro político. O espaço social, coberto pelos meios de comunicação, acotovela o político ao lado do cantor e dos esportistas: Rossi e Agnaldo Timóteo reduziram o palco de Brizola e seus colegas menos temperamentais ou mais alfabetizados.[1] Todos são atores, com maior ou menor apelo à audiência invisível da televisão, ou na audiência isolada e visível das reuniões coletivas. Para os que frequentam esse terreno sem fronteiras, na fogueira da demagogia e do estrelismo, não existem pautas, programas ou princípios que definem e orientam a conduta.

O jogo, para simplificar, tem lugar numa luta aberta ou surda de personalidades que dosam sua presença no picadeiro entre o gesto bizarro e o temor do excesso de calor e luz (*overexposure*). O que distingue um candidato de outro, na corrida para o vedetismo, não serão os projetos públicos, mas as qualidades particulares e pessoais, extremadas até a caricatura. O cantor procura ser "autêntico", enquanto um político se refugia numa dourada "credibilidade". Em todos os casos, lembra um ensaísta, Richard Sennett (*The Fall of Public Man*), sem muita inspiração e originalidade, para quem o campo

---

[1] Quando se candidatou ao governo do estado do Rio de Janeiro (1982), Leonel Brizola declarou que pretendia colocar na Câmara Federal um índio, uma mulher e um negro. Foram eleitos o cantor Agnaldo Timóteo e o cacique Mário Juruna.

da imagem particular se sobrepõe à praça pública. O melhor político será aquele no qual mais se acredita, embora desastrosa sua atividade, apesar de todos seus vícios públicos e os vícios íntimos não revelados.

A subversão do circo engana, nas projeções dos debates, os otários, ao tempo que faz a fortuna dos velhacos. Nixon, pilhado num sujo tráfico de influência, defendeu-se — com êxito — invocando a credibilidade, atestada pela afeição do seu cachorro. O discurso ficou conhecido, na crônica das patifarias, com o nome do bicho, registrado nos dicionários de política no verbete *Checkers speech*. Sem esse desvio do lodo da corrupção, não haveria a Presidência, com todos seus desastres e humilhações. Os espertos, perseguidos com o eco de uma carreira de aventuras e falcatruas, manipulam a credibilidade, dourada com afagos e presentes. Os outros não desconfiam que aderem a uma régua que é uma medida mínima na convivência entre os homens, e não o título para definir uma eleição presidencial. A intimidade exposta funciona — retorno ao autor que mencionei — como tentativa para solucionar um problema público com a tácita negativa de que exista o próprio público.

A arma da credibilidade pode servir para tudo. Fará, mediante a orquestração da propaganda, do bigode de Hitler um símbolo de bondade, do queixo de Mussolini a expressão da energia e do sorriso de Vargas a materialização da sovada e gasta fábula da cordialidade brasileira. Ela servirá para tudo, contanto que se oculte alguma coisa, com a maquilagem de mentiras cuidadosamente elaboradas.

Não será possível esconder a persistência, na comédia dos enganos, que a vida pública, o poder e autoridade nascem de outra fonte, há muito falsificada. Todos os rios nascem, na política, da legitimidade, que não é uma conversa para o desfastio de bacharéis ociosos. Sobre sua ausência, brotam os artistas da credibilidade, das falsidades bem pagas, grudadas à corrupção e aos cavadores de cargos, sem que respeitem, na escalada, o supremo entre eles. A credibilidade se compra, ou, empregada em boa-fé, pode até consagrar um tolo que paga pontualmente as contas, obrigação de todos e não virtude de ninguém. A legitimidade não está no comércio.

Adiar para esquecer

28/12/1983

> Nada calha melhor aos estrategistas da desmobilização política, filhos refinados do autoritarismo, para o sepultamento das reivindicações populares.

Entre dezembro e março, no espaço que vai das festas ao carnaval, o país hiberna, intoxicado pela esperança e pelo esquecimento. Nada calha melhor aos estrategistas da desmobilização política, filhos refinados do autoritarismo, para o sepultamento das reivindicações populares. Prima, entre todas, a eleição presidencial pela via direta, arquivada no entulho de um pacote outorgado em abril de 1977. Esperam os aspirantes do prêmio maior, ajudados pelos clientes dos futuros príncipes, que, ao se abrir outro ano, seja tarde para remodelar o quadro constitucional. Eliminadas as opções, sobraria unicamente a guilhotina do Colégio Eleitoral. No fim do túnel, duas convenções nos esperam: uma regada a vinho, para que a intemperança dite a escolha, e outra onde a prudência aconselhe as barganhas entre os candidatos e os votantes.

O esquema não seria mero delírio, se cumpridos os dois pressupostos, as duas condições que configuram os fetos. Inicialmente, a memória desmaiaria, varrida da cabeça dos brasileiros, no largo espaço de três meses, dilatáveis até a Semana Santa. De outro lado, convirá que não sejam lembrados os candidatos, sobretudo os dois mais sinistramente visíveis, na sua máscara antediluviana, rebentos caricatos de um passado teimosamente insepulto. Trafegam os dois no mar de favores e vantagens, os prometidos e os que se supõem já concedidos. Alimenta-os, no encalhe de um regime em decomposição, o medo dos reacionários de que, abertas as urnas, brilhe a última flor do populismo, em revide nostálgico aos erros, à corrupção e ao escândalo do maior malogro de nossa história republicana. Na escura e sombria lógica dos frequentadores do baile da Ilha Fiscal, Brizola seria o eleitor de Maluf, enquanto Maluf seria o escudo contra Brizola.[1] A extravagância e o simplismo armam as bizarras composições da tese do *mal menor* — o mal menor da sustentação de um cenário decomposto de lugares marcados em favor dos mesmos de sempre, com as rugas de vícios conhecidos.

Na verdade, por mais que se apele para a amnésia e o ocultamento dos pretendentes, a eleição direta cresce e é hoje uma realidade que só o biombo constitucional não revela. Quanto mais se procura dela fugir, mais ela se impõe, numa labareda subterrânea que abrasará os planos dos imobilistas. Quem quiser contê-la encontrará, no caminho, uma crise não dominável pelas forças que ainda sobram no arsenal em decomposição dos interesses dominantes. Qualquer conciliação, acordo, tramoia, consenso, velhacaria ou trapaça, que os mágicos desenredem do seu novelo de espertezas, tornará o impasse mais agudo. Em certo momento, serão inúteis os apelos às idiossincrasias militares, recurso gasto dos falsos liberais da safra antiga, que se enganam com a miragem da eficácia de uma intervenção externa contra a vontade de todos. Na hipótese, remota mas possível, de um trânsito que repouse sobre a força, uma estação tempestuosa prolongará as incertezas, no rumo do desastre, num acerto definitivo de contas adiadas. Desta vez, bem medida a densidade de um tempo recessivo, coalhado de incompetência e loucura, não se pode esperar a habitual, a histórica manipulação das truncadas fórmulas do corpo dirigente. Ninguém mais acredita nessa confraria, como reconheceu, em outras palavras, o próprio vice-presidente, sócio efetivo ou honorário — a opção depende da temporada — da comandita que governa esta *sereníssima* República.[2]

---

[1] Faoro refere-se aos conluios e às negociações realizadas no interior da "classe política" que fariam artificiosamente conjugar os interesses até de políticos radicalmente opostos ideológica e partidariamente, como na imagem hipotética de Leonel Brizola e Paulo Maluf.
[2] Alusão a um conto homônimo de Machado de Assis. No texto, fica sugerida certa consciência de Machado de Assis de que a República e o sistema de votos não representavam necessariamente uma mudança radical nas formas de poder estabelecidas.

Uma sucessão carnavalesca

01/02/1984

A soma dos apetites em delírio, que herdou um instrumento capaz de fabricar presidentes, não forma uma classe política, nem uma elite, mas uma deslavada oligarquia, conjurada para devorar um país em falência.

De onde virá o sentimento de que se desenrola uma comédia, mascarada de sucessão presidencial? A nação assiste a um espetáculo, incrédula de sua seriedade, divertida pelos lances dos candidatos, como se o teatro estivesse montado em outro planeta. Não há ninguém, fora do círculo dos interessados, que esteja convencido de uma realidade. Quem duvidar que se apalpe, que se anatomize e que olhe para dentro: o jogo não é para valer, apesar do temor das consequências imprevistas da brincadeira. Notórios palhaços se misturam, na representação das vaidades, a homens outrora respeitáveis, confundidos todos no nariz falso e na cara empoeiradamente suja.

A origem que gera os postulantes macula, de saída, o desfile. Reuniram-se, num parto de espantos, com o requinte de vinte anos de assistência, dois vícios importados: o *caucus* dos legisladores e a convenção nacional. Nos Estados Unidos, país de origem dos modelos, o sistema evoluiu e se depurou. Aqui, os dois componentes degeneraram e se cristalizaram num monstro. O *caucus* é um corpo de membros de um partido, reunido — um pequeno grupo dentro de um grupo maior — para nomear figuras que façam a melhor política da minoria. Para remediar essa distorção da escolha de líderes, criaram-se as convenções nacionais, que deveriam ser representativas do partido e, em consequência, do eleitorado. Articulado e montado o quadro, tantas foram as fraudes ao objetivo perseguido que se recorreu, entre outros, a um corretivo. As eleições primárias afastariam das cúpulas os quistos ditatoriais e oligárquicos. Embora nem sempre funcione, a existência desse aparelhamento será sempre uma advertência contra os donos das máquinas partidárias. Se cegos e mudos às bases, os manipuladores encontrariam pela frente o eleitor, em pleito nacional.

A ridícula cópia brasileira exclui as eleições primárias e exclui a própria eleição. Vez ou outra, não falta quem compare as eleições indiretas do Brasil com as eleições dos Estados Unidos. Nada menos igual do que o símile, como dizia um vitorioso político de outros tempos. Lá, além do processo que leva a uma decisão nacional, o eleitor escolhe um *votante* que lhe expresse e certifique a vontade. Aqui, o eleitor desaparece e a molecagem se reduz à troca de cartas dos votantes, por ninguém designados, na sua maioria por ninguém eleitos. Basta ponderar que num corpo de 961 membros ou votantes há 176 votos fantasmas — votos que se encarnam mais de uma vez na mesma pessoa, pessoa que vale por quatro e por duas.

Ao conglomerado de cobiças e ambições, num ultraje ao velho Mosca,[1] que cunhou a expressão, se quer chamar de classe política. Trata-se de uma classe que não é política, por lhe faltar o espírito do bem comum e do interesse público, e que não é classe, carente do elo social e econômico de homogeneidade. A soma dos apetites em delírio, que herdou um instrumento capaz de fabricar presidentes, não forma uma classe política, nem uma elite, mas uma deslavada oligarquia, conjurada para devorar um país em falência. A sucessão presidencial, depois de 1964, esteve entregue ao poder castrense, que deliberava a portas fechadas, entregando à Convenção e ao Colégio

---

[1] O debate a partir da "Teoria das Elites" representada, principalmente, pelos pensadores políticos Vilfredo Pareto (1848–1923) e Gaetano Mosca (1858–1941) era central para Faoro naquela época. No momento político retratado neste texto, Faoro demonstrava que no Brasil o conceito deveria ser expandido e problematizado de acordo com as especificidades da política nacional. Assim, mais do que uma questão pertinente apenas às "oligarquias partidárias" ou a uma "elite política dirigente", no Brasil o debate deveria alcançar a substância moral das alianças e acordos que estruturariam essa "classe política" no tempo.

Eleitoral o produto acabado. Muda o centro para outras mãos, com igual aparelhamento e outra tática: o temor cede o lugar aos acertos personalistas. Fracassaram um e outro processo: o primeiro, inclusive, pela ineficiência do maior desgoverno de nossa história e o segundo pela inelutável perspectiva de continuar o terrível descalabro.

A fogueira dos líderes

28/03/1984

Os canastrões se refugiam nos museus, de onde, vez ou outra, algum historiador os retira para uma efêmera vilegiatura de glória.

Os índices negativos de popularidade, que devoram os líderes políticos brasileiros, refletem o lado pessoal da crise — a crise projetada nos dirigentes. A fogueira consome os governistas e os oposicionistas, com ou sem responsabilidades de administração. Há, de um lado, o desencanto e, de outro, a esperança de que as coisas mudem, com outros homens e outras ideias. Encerra-se uma etapa no tempo político, o estágio experimental da chamada *abertura*, ensaio geral de uma reformulação de quadros, sobretudo no nível oposicionista, sem esquecer o rejuvenescimento de alguns setores estaduais do PDS.

O indício da mudança está no movimento pelas eleições diretas. Seria imperdoável cegueira ver na mais densa mobilização popular já conhecida no país apenas uma bandeira desfraldada em torno da sucessão presidencial. Atrás da bandeira ostensiva há outra, mais ampla e mais profunda, que põe em discussão o regime e o sistema, no seu espectro político e social. A principal característica de uma crise — uma crise autêntica, genuína — está, já se sabe há muito tempo, na aceleração da história. Nos protestos pacíficos que enchem as praças e nas manifestações espontâneas de todas as horas e de todos os momentos expande-se a força de um ciclone contido. Frustradas as expectativas que nele se concentram, seja pelo arranjo malicioso e hábil das cúpulas, seja pelo fulgor das baionetas, virá à tona toda a carga inflamável, ora em repouso.

A expressão visível dos fatos em curso se revela no arquivamento das autointituladas elites. Elas, no primeiro turno, parecem desnecessárias ao povo. Em outro *round* serão, além de inúteis, nocivas, castradoras de um programa de real transformação da sociedade e da política. As próprias ruas e praças, no reexame que hão de proceder em consequência do debate, ungirão outros líderes, em lugar dos medalhões que desfilam nos palanques. Muitas reputações, formadas neste e noutros ciclos autoritários, entrarão para o arquivo dos papéis anacrônicos, ao lado da pena de pato.

Não é a primeira vez que acontece essa súbita mortalidade. Não obstante as conciliações dissimuladoras depois de 1889 e 1930, que fizeram sobreviver muitas múmias, as caras não foram as mesmas da véspera. No máximo, os atores secundários passaram ao primeiro plano, depois de penoso estágio probatório de lealdades. Os canastrões se refugiam nos museus, de onde, vez ou outra, algum historiador os retira para uma efêmera vilegiatura de glória. Desta vez, o rumo pode ser diferente. Tudo indica que a dinâmica do espetáculo não se limite à promoção por antiguidade. Há classes até aqui mudas e subalternizadas que reclamam voz e vez, sem a maquilagem populista e a mão paternal que se devota a elas, mas não as representa.

Por enquanto, há um nevoeiro sobre a fisionomia dos acontecimentos. Algumas manhãs de sol e de vento o dissiparão, espelhadas nas concentrações populares, as grandes e espetaculares e as íntimas, à beira da praia ou nas esquinas. Nunca se viu o que hoje se vê: todo o povo em comício permanente, desinibido, apto a aceitar as dissensões e divergências, liberto de cóleras intransigentes. A crise tem, somadas as parcelas, efeito restaurador das energias populares. Sobre ela derrama muitas lágrimas, de mágoa e desespero, a camada que sabe estar esgotado seu jogo, alimentado por fichas emprestadas pelos cofres públicos. Só quem realmente a sofre tem um projeto para superá-la, numa equação diferente e legítima.

Vinte anos depois

04/04/1984

Os mágicos de ontem são os algozes de hoje, grotescamente otimistas do meio do naufrágio.

Foram, os últimos vinte anos, tempos de ensaio e de experimentos. O velho repertório autocrático renasceu e desfilou: tirania, despotismo, absolutismo, ditadura. Com outros nomes, o sistema viveu muitas máscaras, com variantes de acento indígena e nacional. No começo, o udenismo militar exibiu todas as pompas de suas ambições frustradas, culminando numa Constituição, que poderia durar, se apta a se transformar. O sonho durou pouco mais de um ano, dissipado por um ato institucional, o quinto da série.[1] Vez ou outra, uma sombra extravagante, o nasserismo ou o peruanismo,[1] entrava e saía da cena, com a rapidez de raio.

Os modelos se atropelaram, na apoplética guerra de bastidores, numa instabilidade real sobre uma estabilidade aparente. Arredado o consentimento popular das deliberações, mantido a distância por força das baionetas pretorianas, as elites por atribuição de conquista ficaram com as mãos livres para criar um país. Desenharam diversos mapas constitucionais e legais, de acordo com as efêmeras alianças de mando.

---

[1] Ideologias e/ou movimentos nacionalistas — o primeiro iniciado no Egito por Gamal Abdel Nasser e difundido em países árabes, e o segundo no Peru, caracterizado como um militarismo anti-imperialista (1968–1975) — figurados por um projeto de governo constituído pela tendência de representação política pessoal e com centralização histórica de conceitos e projetos políticos.

Na reconstrução da realidade, inventou-se o povo a partir do imaginário metro do poder de plantão. O povo, na visão das cúpulas, seria a reunião amorfa e explosiva de pecados e cobiças. Deu-se por certo que ele seria imaturo, incapaz de se governar, manipulável pelos grupos radicais. A imagem adequada ao que se pretendia ver se corporificaria num terreno alagadiço, estagnado e impuro. Nenhuma estrutura vertical, de classes e estamentos, formaria o bloco da sociedade. De um lado, longe da cloaca, estavam os chefes. No outro extremo, o rebanho parvo, mas perigoso, no caso de um estouro. O governo, para que não ocorressem surpresas, deveria ser forte, implacável, férreo. Para prevenir rebeliões, os elos político-administrativos e territoriais — os estados e os municípios — não passaram de emanações do centro, alimentados pelos recursos por este arrecadados e pelos dirigentes nomeados ou sugeridos de fora.

A camada dirigente, astutamente desconfiada da onipotência das armas, instilou um mito, que uniria todos os setores: o mito da eficiência. À incompetência e à corrupção sucederia um sistema que desenvolve a economia, eleva o PIB e resgata a nação da pobreza. No primeiro ato, o bolo cresce — o último ato veria a distribuição dos pães. Entre um ato e outro, houve a crise e se realizaram as eleições de 1974, que mostraram ser o povo menos idiota do que o supuseram, sepultado no pantanal da fantasia.

Se fosse válida uma evocação de ciência política, ainda quente da influência de Montesquieu, poder-se-ia dizer que o sistema, relutantemente empurrado pelos fatos, mudou de substância, ao longo de sua existência. Sem perder o perfil autoritário, o despotismo que está na sua essência, abandonou a casca arbitrária para consolidar a fisionomia despótica. A ação pública é sentida, não como a expressão da vontade dos cidadãos, mas como um papel de embrulho de onde saem espantos, imprevistos e sobressaltos.

A contradição maior desse quadro móvel de formas e estruturas se revelou dentro do mito que deveria encobri-la. O irracionalismo do autoritarismo despótico, depois da fosforescência do êxito inicial, rasgou a eficiência, reduzindo-a ao maior malogro de toda nossa história. Os mágicos de ontem são os algozes de hoje, grotescamente otimistas do meio do naufrágio.

Uma receita autoritária

23/05/1984

> Quem manda, manda porque sabe mais, não porque pode: esta a súmula da sua arte.

Nesta encruzilhada, entre a eleição direta e as fórmulas que a embaraçam, surge sempre, invariavelmente astuta, a definição da própria política. Não se contentam os sabichões do regime com menos. Donos do monopólio de vinte anos de controle e comando dos gabinetes, dos corredores e das chaves que trancam as ruas, atribuíram-se, junto com o outro poder, o poder da onisciência. Quem manda, manda porque sabe mais, não porque pode: esta a súmula da sua arte. Diante da enorme mobilização popular dos primeiros três meses do ano, encontram no seu receituário a resposta infalível, cortante, definitiva: uma minoria manipulou os desocupados, não tão numerosos como dizem as fotografias. Sempre que se rendem aos olhos, apresentam a torta perspectiva da sua visão: uma massa anárquica cedeu ao hipnotismo de viciosos monstros carismáticos.

Esses senhores, alguns dos quais a guerra deles se cansou, acreditam em tudo, menos na existência do povo. Este não seria outra coisa senão a cortina atrás da qual manobram os políticos. Nada há de se estranhar que, nesse território, se encontrem, em coincidência nada surpreendente, o teórico das marchas de 1964 e alguns — embora raros — oposicionistas. Entre uns e outros a diferença, no que alude à doutrina, está no grau e não na qualidade. O povo, segundo a primeira versão, existe como realidade física, soma de apetites desencontrados, que se deixa manipular pelos slogans e bandeiras coloridas. Na outra encosta, o comício, as aglomerações, a multidão serve para exibir uma força potencial, nunca conversível à gerência do poder.

Para lhe expressar a vontade entra em cena o intérprete, com a credencial única dos aplausos de uma hora efêmera, no uso livre da faculdade de fazer acordos. Nos dois exemplares está presente a tutela, que varia de acordo com as deficiências do tutelado e das habilidades do tutor. A massa de manobra se compõe de homens que se domam, segundo um velho poema popular, sempre que lhes seja dada a ração. Para os outros,

> O povo é como o boi manso,
> Quando novilho atropela,
> Bufa, pula, se arrepela,
> Escrapateia e se zanga;
> Depois, vem lamber a canga
> E torna-se amigo dela.

A lição se completa, no repertório do príncipe e aprendiz:

> C'os cotubas ter paciência
> C'os fracos muita insolência,
> Com milicos muito jeito.[1]

Os Golberis do século e os populistas, por caminhos diferentes, frequentando diversas igrejas, comungam do mesmo credo. O ideal dos primeiros é a política sem povo; o dos segundos será a política na qual o povo assuste, mas se resigne, pagas as contas, à voz do pastor. O diagnóstico será o mesmo: as multidões contêm, mal dominada, a anarquia. Os remédios é que mudam: a paulada, num caso, e, em última instância, o jeito, no outro, de tal índole que se credencia, à direita, na capacidade de domar paixões de outro modo predadoras. As negociações, urdidas nas retortas simplórias do Palácio do Planalto, têm, descontadas as irritações momentâneas, clientes seguros. Seu escopo e seu cavaleiro é Maluf, por seis ou por quatro anos, a uns porque lhes aproveita, enquanto outros não sabem como evitá-lo. E os R$ 130 milhões, onde estão eles, para que valem eles?

---

[1] Poema campestre de Amaro Juvenal, pseudônimo do jornalista e político gaúcho Ramiro Fortes de Barcellos (1851–1916).

Ouvir estrelas

20/06/1984

> As insígnias do comando não se adquirem no âmbito da opinião pública ou do eleitorado.

O surrealismo está menos na caricatura do que na realidade, a realidade destes últimos vinte anos do faz de conta político. Numa margem, vegeta, coberto de cipós e parasitas, um partido magnetizado pelo poder — o poder pelo poder —, e, na outra orla, murcha uma oposição, dispersa e tenaz, que de tudo cuida, menos do poder. O culto do poder dita uma lógica acolchoada no conformismo e, a pretexto de realismo, envolvida no fatalismo. O mundo, ainda o pequeno mundo das intrigas e combinações, não mudará, povoado por dirigentes submersos no conservadorismo. Seu raio de visão não ultrapassa as letras maiúsculas dos cabecilhas das comissões e diretórios centrais, na fauna dos sôfregos candidatos a alguma coisa. Na planície, há os nomes próprios de letras minúsculas, cujo número e universo ninguém conhece — numa margem que varia entre 20 e 200 mil.

Até aqui, nada de estranho ou de singular. Os que mandam não prestam contas, nem justificam sua força no brejo das vontades mortas. As insígnias do comando não se adquirem no âmbito da opinião pública ou do eleitorado. Ao contrário, porque mandam, agarrados à administração e aos bordados, se apropriam dos eleitores e dos instrumentos que refletem a opinião pública. Se incorrerem em desgraça na capital, os eleitores lhes voltarão as costas, vendidos ou siderados por astros de maior calor e luz. Não quer isso dizer que o povo não entre nos cálculos, como parcela sempre negativa. Há momentos oportunos para despertar o dragão — atiçado para o efeito de conciliar as cúpulas. Elas se advertem, no equilíbrio de facções e ameaças, de que vivem debaixo do risco — se não entenderem e negociarem — de desaparecerem, para que surja aquilo que elas chamam o caos ou a anarquia. O caos e a anarquia, que elas empregam sem aspas, significam o país entregue a si próprio, por si próprio organizado em Assembleia Constituinte e por si próprio governado, sem a tutela da classe política ou da farda.

Singular e estranha é a conduta da oposição — aparentemente. Alheada do poder, detentora da maioria do eleitorado — maioria que não se traduz no comando e na maioria do Congresso —, parece ter perdido o senso do poder. Se o poder pelo poder leva ao autoritarismo, desprezível é a equação, não o poder, que está na essência da política. Cultiva-se, embora em cores ainda indefinidas, o desprezo do poder, em nascente desespero de quem, amando-o, crê não atingi-lo. Inundam, os oposicionistas, os jornais e os discursos de fórmulas, etéreas e vagas, filhas da involuntária virgindade, racionalizada no mito da pureza. Isto é, da política solteirona, sem filhos e sem alegria. Em lugar de armar táticas e estratégias, dentro de uma luta que não esqueça o poder, perde-se a oposição — às vezes uma meada de rivalidades — na teoria pela teoria, o outro lado da medalha do poder pelo poder.

Em termos coletivos, viça no seu espírito a neurose das expectativas negadas, mas longamente desejadas. Em lugar de reforçar e mobilizar suas fortalezas, parte para incursões líricas, que, no máximo, dirão o que já se sabe, somadas a manobras de transferência de tarefas, elementos e evasivas. Mas há pior: o exercício de ouvir estrelas encontra obstáculos imediatos e diretos. Provavelmente, elas, em lugar de ostentar seu brilho, mostrarão que são insondáveis às urnas seletivas e imperfeitas, culminando numa brincadeira, lunaticamente sincera e calcada de boas intenções. É tempo, já é tempo, ainda há tempo para voltar à Terra.

Entre o vácuo e o colapso do poder

17/07/1984

Não será esta própria burocracia — a tecnoburocracia e a
malha militar — um dos elementos do ópio governamental?

Há duas teses clássicas, na ciência política, acerca da agonia dos regimes. A
primeira se deve a Woodrow Wilson, que se tornaria, muitos anos depois,
presidente dos Estados Unidos. Descreve, no livro escrito em 1884, com
o título de *Congressional Government*, a doença, não permanente, mas
recorrente — lembrou Walter Lippmann —, de um governo fraco, inerte,
imóvel, que paralisa o sistema político. O regime norte-americano, não o da
Constituição explícita, mas o da Constituição institucional e operacional,
encontra um mecanismo de substituição, que evita o colapso da ordem
jurídica e da legitimidade. O Congresso, passo a passo ou subitamente,
ocupa o lugar devoluto, tal como se viu na crise provocada pelo escândalo
da administração Nixon.

Outra tese, que conquistou a atenção da crítica e tornou-se matéria obrigatória de referência, deve-se a Karl Dietrich Bracher[1] e teria, se traduzida,
o título de *A dissolução da República de Weimar*. O estudo, em densas 750
páginas, compreende o período de 1919 a 1933, desde a proclamação da
República até a ascensão de Hitler. Enquanto Wilson expôs e demonstrou,

---

[1] Bracher (1922) é um cientista político alemão cujos trabalhos se tornaram referência
para a compreensão do totalitarismo político. Considerado um dos mais importantes historiadores políticos sobre a República de Weimar e sobre o nazismo, Bracher influenciou
fortemente na produção teórica em torno das identificações entre ideologias autoritárias,
o Estado e a sociedade.

em outra realidade, a presença de um poder, que entra no lugar de outro, sem ruptura política, Bracher retratou, com sombria frieza, o caminho que vai do colapso à ditadura, a mais sangrenta ditadura da história do mundo. Não havia na Alemanha de Weimar a tradição parlamentar, nem a consistência da sociedade civil que, conjugadas, pudessem fixar uma saída legítima para a crise.

E nós, onde estamos, em Washington ou em Weimar? Ninguém de boa--fé, ou que não seja cego, negará que a peça-chave da frágil e, em muitos aspectos, caricata ordem constitucional entrou em profunda letargia. A presidência, que encarna a liderança do partido majoritário e da nação, está entregue ao sono, exilada dentro do país e em Brasília. O presidente, por forças de muitas causas, não apenas as que obedecem ao seu temperamento, declarou-se em greve.

Não há, no funcionamento do poder, como longamente se lê em Bracher, um vácuo prolongado de poder. A sociedade e as instituições adquirem mórbida atividade, para preencher o espaço vago e abandonado. Exclua-se a terapia do Congresso, amortecido e anestesiado por vinte anos — vinte anos somados a uma longa tradição — de complacências e submissões incondicionais. Que resta? Haverá uma teia interna, filha da burocracia, capaz de ocupar o primeiro plano, repentinamente vago? Não será esta própria burocracia — a tecnoburocracia e a malha militar — um dos elementos do ópio governamental?

Um rápido voo na história e na hora presente evidencia a luz no fim do túnel. Há menos de dois anos, o povo brasileiro desenhou um mapa político, à base do voto e da legitimidade, com a eleição dos governadores. Em 1900, quando a República se consolidou civilmente contra o caudilhismo, e em 1930, diante da tirania de uma sucessão falsificada, os governadores, no primeiro caso coordenados por São Paulo e no segundo pelo Rio Grande do Sul, encontraram um esquema de convivência, mas, sobretudo, cortaram o nó górdio da crise. Não se sugere que se articule uma guerra civil, nem que se deponha ninguém. O que a nação não pode é continuar acéfala, entregue à fúria de aventureiros, ávidos de saquear as posições supremas, em nome de votos que não têm, em torno de arranjos descarados e espúrios. Que falem os governadores, para traduzir a palavra que os elevou e não para se premiarem reciprocamente, num pacto que dê as costas aos seus eleitores.

As ambiguidades cultivadas

01/08/1984

Há a ilegitimidade pelo título e a ilegitimidade pelo exercício.

As incertezas semeiam temores, à esquerda e à direita. Na direita, suspeita-se que, eleito — isto é, coroado pelo Colégio Eleitoral —, o candidato da oposição não resista ao indiscreto charme da esquerda. A esquerda — o segmento que se convencionou chamar, no Brasil, de esquerda, que seria, na Europa, o centro e larga faixa da centro-esquerda — vê o panorama com outros olhos. O príncipe mineiro, sibilino e ondulante, discípulo dos conspiradores que não foram apanhados na Devassa da Inconfidência, manipula as palavras e o silêncio oportuno. Não se compromete com nada. A frase assume, na sua boca relutante, o tom cinzento, capaz de agradar a todos os ouvidos. A resposta polida, carinhosa e suave, se converte em outra pergunta.[1]

O núcleo de um processo de transição, a ser desempenhado no futuro período presidencial, está, ao juízo geral, na organização institucional e política do país. O reencontro entre governantes e governados se dará com a legitimidade restaurada, sobre a qual transitem as relações que eliminem a força, base do autoritarismo, constituindo a autoridade. O voto direto, agora ou futuro, não validará uma escolha, embora democrática pelo meio.

---

[1] Mesmo após a derrota, em 25 de abril de 1985, da emenda instituindo a eleição direta, o PMDB não desistiu de concorrer às eleições presidenciais. No final de junho, o nome de Tancredo Neves foi indicado à disputa no Colégio Eleitoral. Quatro dias depois, a "Frente Liberal", formada a partir de membros dissidentes do PDS, rompeu com o governo ditatorial e passou a negociar com a oposição sobre as possibilidades reais da candidatura de Tancredo. A partir dessa estratégia, formou-se a "Aliança Democrática", decidindo pela indicação do senador José Sarney como candidato à vice-presidência.

Um ditador também pode ser filho das urnas e nem por isso será legítimo. Há a ilegitimidade pelo título e a ilegitimidade pelo exercício. A eleição direta afasta o primeiro vício, mas o segundo depende de uma deliberação constituinte.

Como responde o candidato das oposições a esse desafio? Nota, estudando cautelosamente as palavras, que o futuro Congresso se transformará em Assembleia Constituinte. Ao que parece, quer dizer que o futuro Congresso — o de 1986 — *não será eleito* com os soberanos poderes de Assembleia Constituinte. Entre uma hipótese e outra há um muro. Se o futuro Congresso se transformar em Assembleia Constituinte, ele próprio, depois de 1986, decidirá sua sorte. Se a Assembleia Constituinte for convocada por este Congresso, outro será o quadro e a extensão do corpo deliberante, quer pelas fronteiras explícitas e quer, sobretudo, pela dinâmica própria de uma Assembleia Constituinte não condicionada. Há, além disso, uma lógica inerente a um e outro procedimento. No primeiro caso, há, desde logo, uma barreira, herdada da caricata Constituição vigente. Se a Assembleia Constituinte está inscrita na própria transição, outro pode ser o curso dos acontecimentos. Nada obsta que, atendidas as circunstâncias e agravada a atual crise, a convocação da Assembleia Constituinte se dê antes de 1986, com independência do Congresso de 1986, só por motivos operacionais vinculado à tarefa constituinte.

O rumo a tomar, habilmente oculto na névoa das declarações macias, depende do desate dessa questão. O futuro governo, provavelmente escudado num longo e tenaz combate oposicionista, pode ser o prolongamento de um pesadelo. Mais um presidente, menos insensível à opinião, prolongará o ciclo, com outra retórica. Mudaria a ênfase e a nota, mas a melodia seria a mesma. Na melhor previsão, entraria em cena a maravilha que Dante diz ter visto no inferno. Luta uma serpente contra um homem e, no final, não há homem, nem serpente, mas um ser híbrido, de modo que nem uma figura, nem outra pareciam mais o que eram: *Né l'un né l'altro giá parea quel ch'era.* O que é certo é que o povo brasileiro foi à rua, em massa, para pedir mais do que um ilusionismo, ainda que poético, ainda que patético. Para continuar tudo como está, a mobilização estaria frustrada, logrados todos, sem que ninguém engula a pílula dos charlatões.

O justo preço

08/08/1984

Ninguém ignora que a política dança sobre alianças não santas, profanas e pecaminosas.

Na aparência, os eleitos de 1982, os governadores, senadores e deputados — os governadores, sobretudo, convenientemente se mostram os últimos a perceber o curso dos fatos. Os votos falaram com clareza, enviando-lhes um recado de mudança, de profunda e ampla reforma. Optaram, empurrados pela voz de uma macia e secular elite, por outra alternativa, ao aceitarem o jogo da velha estrutura de poder, dominante há quatro séculos. De concessão em concessão, forçaram o país a se render ao esforço de evitar o triunfo do neofascismo. Nesta altura dos acontecimentos, o perigo, que poderia ser evitado em tempo por meio de enérgica ação, aí está, como ameaça real e iminente de explodir na urna da Convenção do PDS.[1]

Há, sem dúvida, um alto preço a pagar, não para uma vitória popular — esta já está comprometida —, mas para evitar uma derrota e um malogro. Convém que saibam os detentores do poder que todos avaliarão impiedosamente, sem engano, o excesso, a mais-valia, que não está no preço, mas na gorjeta pródiga. Ninguém se conforma com a compra, por conta de uma transação lícita, do mobiliário cansado do velho regime. Que se adquira o necessário, vá. Não se justifica que se receba, com a cínica alegria que o noticiário estampa, o supérfluo, aquilo que o próprio mascate reputa im-

---

[1] A Convenção Nacional do PDS indicou o ex-governador e deputado Paulo Maluf como candidato do partido para concorrer à presidência da República. Paulo Maluf derrotou Mário Andreazza (favorito de Figueiredo) com uma diferença de 143 votos.

prestável. Arrematar, no pacote, o *Proconsult* seria, além de descaramento, rematada tolice. Basta, para enfastiar as expectativas, que se barganhem alguns redutos de coronelismo e as sesmarias oligárquicas: a mercadoria, na balança e no metro, rende e engorda o Colégio Eleitoral.

Do modo que as coisas vão, a aliança reformista pode tornar-se uma coligação restauradora. Maluf (e Andreazza) irá para o arquivo das palhaçadas históricas, mas o que restar talvez não vingue nas urnas próximas de 1986. Em lugar de um governo, de um projeto democrático, haveria, se a onda conservadora engrossar, um símbolo, casco vazio do vinho precocemente avinagrado. A soma das espertezas levará a mais uma decepção, costurada, esta, por mãos até aqui tidas por confiáveis.

Ninguém ignora que a política dança sobre alianças não santas, profanas e pecaminosas. Mas há um limite para tudo, mesmo para os parentescos de ocasião e os casamentos úteis, mas não inevitáveis. A política, sabe-se, faz estranhos companheiros, inacreditáveis amizades de acampamento. *Politics makes strange bedfellows*, costumam dizer os pragmáticos norte-americanos. Na origem da tirada literária, que se incorporou aos lugares-comuns da malandragem eleitoral, está o eterno Shakespeare, que juntou, para se abrigar da tempestade, Trí019nculo e Caliban.[2] No original, a miséria, e não a política, força os *strange bedfellows*. O erudito circuito, percorrido com o temor do pedantismo, quer lembrar que nem Trínculo nem Caliban se recomendam à posteridade pelas suas virtudes, ainda que a miséria os tenha reunido.

Pague-se o preço justo, nos estritos termos do mercado. Não há necessidade de, além de otário, exibir, envaidecendo-se, a qualidade de trouxa. Verdade que o negócio é a prazo, no qual o calote é a alma do segredo. De qualquer sorte, por que não reservar a maroteira para o trigo, sem esbanjá-la na azeitona? Sejamos práticos, se não podemos ser sempre impecáveis: a velhacaria, embora não tenha uma ética, tem uma economia, com suas leis e suas regras, cheias de consequências indesejáveis se violadas.

---

[2] Referência à obra teatral *A tempestade*, de William Shakespeare.

O colapso do poder

19/09/1984

> A plateia ri e, na farsa, governo não há mais, a administração pereceu, substituídos pela comédia. Este é o ponto em que o poder se dissolve, no baile das fantasias.

As constituições e as leis, dosada e rigidamente, preveem o começo e o fim dos governos e das administrações. Receiam, com a cautela formalista, o prolongamento de situações que devem durar um tempo certo. Esquecem, no esquematismo das fórmulas, o aspecto contrário: o fim antes do termo e da data marcada, o fim real e não o fim dos acidentes, como a morte e a renúncia. Há, nesse quadro que imobiliza o tempo, o preconceito contrário. Um cronista de outros tempos, antes de louvar seu ídolo, assinalou que ele nasceu depois do período *regulamentar*, traindo o fascínio pela ordem castrense e fardada, projetando-a ao ventre materno. São, no final das contas, doenças filhas do mesmo vírus.

Na realidade e no campo da ciência política, a medicina ganhou melhores instrumentos de diagnóstico. A superstição das datas fixas cede o espaço ao que todos veem e ao que todos sentem. O primeiro sintoma é o envelhecimento precoce, com todos seus incômodos, principalmente a surdez, como anotava um personagem de Ignazio Silone.[1] Governo e governados travam um diálogo de extravios, em excêntrica loquacidade. Um fala que prende e arrebenta; outro, que nada ouviu, conta uma cena carnavalesca

---

[1] Referência à obra *Fontamara* (1933), de Ignazio Silone, já citada em "Um debate de ideologias".

de odaliscas, xeques (*sheiks*, segundo os puristas) e tesouros escondidos e furtados. A plateia ri e, na farsa, governo não há mais, a administração pereceu, substituídos pela comédia. Este é o ponto em que o poder se dissolve, no baile das fantasias.

Um analista excepcional, Karl Bracher, traçou um quadro sobre o naufrágio da República de Weimar, onde a nota, debaixo da sátira das casas de teatro, mostrava uma fisionomia trágica. Clássico é também um drama, que retrata o final da República de Vichy, onde não faltou a surdez do velho, outrora glorioso e depois ridículo, marechal Pétain. Nos dois cenários há um modelo comum, que revela a incapacidade do corpo dirigente, agravado pela geral hostilidade. Em ambos, os caricaturistas encontraram sua época de ouro, floresceram as anedotas e, dentro da hora triste, todos riam de tudo. Há sempre, no ato final, a esperança de outro dia, que, embora possa não ser melhor, traz novas expectativas, às vezes melhores esperanças. O que todos sabem é que o que está não continuará a ser como está.

Depois do espetáculo vem a hora da verdade. É o que se chamou de vácuo do poder. Um famoso celerado, excomungado pela esquerda e pela direita, definiu a fase como o soco no paralítico. A história conhece muitos precedentes de igual malvadeza, praticada pela impaciência dos que não acreditam na inutilidade e na congênita inoperância das chefias. De minha parte, se eu pudesse escolher, preferiria um governo inerte, calado, mumificado a um governante piadista, verboso no seu ventriloquismo.

Não tarda o momento em que se divulgará a notícia de que o palácio está deserto. Os aventureiros já farejam a sua oportunidade. Mas, se o rei está morto, viva o rei. Esta receita caseira, simples e normal, ainda é a cura certa da temporada do teatro de comédias. Fora daí, entra em cena a tragédia, gênero literário para o qual não estão preparados os autores e os atores, sem falar na absoluta estranheza da plateia. Um golpe, nessas circunstâncias, não só fracassará, irremediavelmente, mas terá acolhida pior: será saudado por uma imensa gargalhada, de norte a sul, que chegará a sacudir a própria Brasília, que, mais uma vez, entrará na geografia do país.

Saudade do golpe

14/11/1984

Se não há nada que distinga um reino de um bando de salteadores, o golpe é um acidente normal, dentro da natureza das coisas.

O golpe parece estar longe, condenado à nostalgia dos sinistros personagens de sempre. O anúncio, de um lado, o exorcismo, de outro, estão na fala dos políticos, como expectativa e como temor. O sr. Magalhães Pinto[1] saiu do túmulo para dizer que, se dependesse dele, o processo sucessório sofreria violenta interrupção, certo da insatisfação geral com o rumo dos acontecimentos. Do alto de sua exemplar penúria intelectual, que os bens do mundo não conseguiram suprir, repetiu, sem querer e sem saber, um dito literário: "O golpe a gente dá, mas não fala." Sem nunca haver lido *Antônio e Cleópatra*, plagiou o pirata Menas, também ele disposto a quebrar a ordem romana com o naufrágio do barco de Augusto. Sempre ignorante da fonte, em outra jornada, tola e inconsequente, dizia, a propósito de tudo e a propósito de nada, que a política era como a nuvem, que assume a forma que lhe dão os olhos. Sempre sem querer e sem saber, copiava um dito de Polônio, o ridículo e infortunado chanceler do Hamlet.

A afinidade, que vincula o remanescente de todos os vícios da velha política de bajulação aos quartéis e aos modelos, não deixa de ser singular e expressiva. Não há um abismo entre o pirata e o cortesão, entre Menas e

---

[1] Magalhães Pinto foi deputado federal, governador e senador por Minas Gerais. O político foi um dos fundadores da UDN e também um dos subscritores do Ato Institucional nº 5 (13/12/1968). No Colégio Eleitoral (15/01/1985), Magalhães Pinto votou em Tancredo.

Polônio. Os dois suspiram, embora tolhidos pela mediocridade e a proscrição moral, pelos primeiros lugares da República e do reino, ainda que podre seja o reino da Dinamarca. O muro que os separa do lance máximo se constrói de tijolos alheios ao entendimento dos postulantes. Sancho Pança, na Serra Morena, não conseguia ver — também ele — a diferença entre um bando de salteadores e a ordem legítima, juridicamente constituída. Admirava-se da regular distribuição dos despojos entre os sócios e cúmplices ao flagelo das estradas de Espanha, admiração que lhe induzia a sentir no gesto a justiça realizada. O escudeiro de dom Quixote foi, sem coincidência, governador, não por méritos próprios — aqui, a não coincidência cessa —, mas pela ajuda e valimento do Cavaleiro da Triste Figura. A governança da ilha de Barataria seria, no futuro, mais uma aventura, entre outras, equiparável à especulação e à usura organizada.

Se não há nada que distinga um reino de um bando de salteadores, o golpe é um acidente normal, dentro da natureza das coisas. O problema mereceu a atenção de ninguém menor do que santo Agostinho, lembrado do diálogo de Alexandre com o pirata. Este tinha uma pequena frota e essa circunstância lhe parecia o único traço que o separava do conquistador da Pérsia e rei da Macedônia. A lógica é a mesma de Sancho e de Menas, cegos ambos ao algo mais que faz das repúblicas uma realidade qualitativamente diversa do gangsterismo disciplinado. Fosse Sancho rei e não apenas governador, alcançasse Menas o consulado de Roma e, baseados em atos que consolidariam suas chefias, não hesitariam em convidar, para comandar a esquadra, um pirata. Nem Hamlet nem Augusto pensariam em degradar seu poder a essa estrumeira de perversidades.

Por que, pergunta Santo Agostinho? Entre um reino e um bando de criminosos — diga-se de aventureiros, por amor ao eufemismo —, há o tecido que faz da comunidade um governo, não unicamente um pacto de conveniências, mas, sobretudo, uma ordem jurídica. Sem o direito, votado e consentido pelos destinatários do poder, não há justiça, a pedra sobre a qual repousa a república, na qual não há golpes, nem políticos nem financeiros. São palavras do santo, do Livro IV, 4 da *Cidade de Deus*.

A transição e o recurso da espada

26/12/1984

> Transição deveria ser escrita com maiúscula enfática, para
> que, na ênfase, na hipérbole retórica, não esqueça a maestria
> de dizer muito, sem nada afirmar.

Com um passo à esquerda e três à direita, entra-se no território da transição.
Transição deveria ser escrita com maiúscula enfática, para que, na ênfase, na
hipérbole retórica, não esqueça a maestria de dizer muito, sem nada afirmar.
Trata-se, segundo o curso dos malabarismos disponíveis, declamados nas
entrevistas e nos discursos, de sair de onde se está, com a delicadeza de não
inquietar quem está sentado e de prometer as cadeiras ocupadas a quem
está de pé, aguardando sua vez.

O jogo, por enquanto, permanece obediente às regras da comédia. Nas
maneiras finas, que aliciam as expectativas, escondendo as garras, todas as
homenagens, as convencionais e as reais, se voltam para o que aí está. Sá-
bia, prudente e arguta manobra — diz-se — para desarmar desconfianças,
enquanto o poder está no outro lado, ancorado na pesada canhoneira do
regime. Depois, mais tarde, em novo tempo, por meio de novas habilidades,
pouco a pouco, outra constelação de forças deslocará o pêndulo.

Entende-se, com os métodos estilizados pelos costureiros da mudança
lenta e cautelosa, disputar a partida no tabuleiro dos graduados, dos lordes. Enquanto isso, o lastro conservador que se consolidou em vinte anos
sobre uma obstinada estrutura secular atua na base, descuidado da dança
coreográfica. Ele dita as regras, dentro das quais tudo é permitido, menos
feri-las e contrariá-las. Um dogma orienta o ritmo da mudança possível e

consentida: a livre iniciativa. É o que está dito no discurso do general Euclydes Figueiredo, na ESG.[1] Desse núcleo decorrem os chamados Objetivos Nacionais Permanentes, cuja formulação, nos termos da Carta vigente, compete ao Conselho de Segurança Nacional, órgão ao qual é alheio o Poder Legislativo. Condena, na sequência lógica de uma ideologia velha e cansada de guerra, o socialismo. No alvo maldito, entra, ao que é lícito concluir, toda a imensa gama de correntes, que vão desde o leninismo até o anticomunismo militante de Mário Soares.[2]

Nada de mais, entretanto, que um cidadão, como cidadão, recuse o socialismo. Não se estranhe, também, que um cidadão, como cidadão, não aprove a legalização dos partidos clandestinos. É direito seu, que se expressa no voto, quando ouvido. A legitimidade do procedimento cessa no momento em que, em nome de uma corporação, até agora responsável pelos vetos às mudanças políticas, se dá um recado que vai além da opinião do eleitor. A mensagem ganha seu colorido e sua substância pela sua origem, não a origem pessoal, respeitável e honrada, mas a origem que flui de uma Constituição moribunda. Soaria como advertência, se completada pela voz do comandante do II Exército, que lembra o retorno dos militares, "se preciso for, em benefício do povo", para o bom combate.

A transição, posta nos termos efetivos, expressa pela espada, desnuda a comédia dos espertos, que, no laço de suas astúcias, levam o pescoço para a intervenção eventual e previsível de um árbitro. O que está em causa, ao que se vê, não é uma transição, mas uma restauração aos idos de 1946, em que marcava o tempo por dois relógios, o ostensivo e o oculto. A crise de 1954, a novembrada, 1961, 1964 mostraram que, na hora extrema, os

---

[1] O general e comandante da Escola Superior de Guerra (ESG) Euclides Figueiredo (1883–1963) costumava discursar sobre o que intitulava "doutrina democrática brasileira" (doutrina da ESG), procurando esclarecer que a ênfase das iniciativas políticas deveria passar da segurança para o desenvolvimento, incorporando a democracia como valor fundamental. Figueiredo alcançou evidência ao assumir, junto com Bertoldo Klinger e outros oficiais, importante papel na condução militar do movimento que tencionava depor Getúlio Vargas, deflagrado em julho de 1932. O presidente da República do regime militar João Figueiredo foi um de seus filhos.

[2] Mário Soares (1924–2017) é um político português cofundador do Partido Socialista (1973). Dentre muitas representatividades na história política recente de Portugal, Soares foi um dos principais influenciadores no sucesso da transição democrática após o regime autoritário (1933–1974).

horários coincidiam, para calar a soberania popular. O mestre de cerimô-nias — arbitral, bonapartista, como quer que se o chame —, quando bate no chão com o sabre, fala mais alto que as leis e que a Constituição. Seria de esperar que, se o Brasil vai mudar, que mude de fuso horário e não na decoração da torre do relógio.

A definição das ambiguidades

24/04/1985

> A antiga oposição que, para se tornar governo, mudou de casca, soldando-se ao antigo governo, que se fez, em certa hora, oposição, misturou as cores e as tintas.

O imprevisto, o inesperado, o fortuito existem unicamente em função do tempo. Eles se revelam no presente, para quem vive e sofre a hora. Depois do fato, entra em cena a história, que não conhece a dimensão do evento extraordinário, uma vez que, no seu território, nada é ordinário ou comum. Os acidentes seriam acidentes em sentido próprio se a cadeia do tempo estivesse governada pelo império de eventos necessários e inevitáveis. Há, entre o trauma e o curso histórico, o espaço que apaga a emoção e reconstitui a continuidade, só emocionalmente interrompida, se consistentes as finas e inteligentes reflexões do esquecido — injustamente esquecido — Michael Oakeshott.[1]

O fato, no filtro que vai do passado ao presente, revela-se no verdadeiro perfil, outrora submerso no fascínio das personalidades. O que ontem existia continua a atuar hoje, descontada a penumbra dos equívocos. A retórica da transição e da conciliação perderá o adorno maquilatório e mostrará a fisionomia sem máscara. A conciliação será, despida de enfeites e maquilagens, a aliança de grupos e forças competitivas, arranchadas diante

---

[1] Michael Oakeshott (1901–1990) foi um filósofo e historiador britânico conhecido pelos fundamentos conservadores de suas teorias políticas. Entre outras muitas contribuições, Oakeshott procurou reforçar o racionalismo como elemento primordial da política moderna.

de cargos expostos ao loteamento. A transição, celebrada num nevoeiro de expectativas mágicas, volta a ser o que é, o equilíbrio das afinidades ocultas e dos dissentimentos acomodados. O acordo das cúpulas e das elites, dissimulado em palavras grandes e vazias, será o que é e o que sempre foi, sem a oratória. A nitidez do conflito e dos contratos adquirirá a forma crua, pelo menos por algum tempo.

A antiga oposição que, para se tornar governo, mudou de casca, soldando-se ao antigo governo, que se fez, em certa hora, oposição, misturou as cores e as tintas. Uma personalidade, digna e hábil, mantinha cinzento o céu. O destino interveio, com fria objetividade, para determinar os metais que se fundem, e os metais rebeldes à união. O quadro conservador, composto de acomodações e pontes, não mudará diante da equação reinante. A incerteza limita-se ao campo marginal da chamada Aliança Democrática, na discreta área da esquerda política e econômica.

O caminho da mudança passa, abertamente, daqui por diante, sobre tensões cada vez mais claras. Se posta em causa a estabilidade do núcleo do poder, este, para se sustentar, se socorrerá do arsenal disponível, ainda não desativado. O avanço por dentro, de outro lado, encontrará obstáculos mais sensíveis e visíveis, ancorados no esquema implantado para permitir a passagem, o trânsito, pomposamente qualificado de transição, como se houvesse um projeto consistente e sólido em andamento.

A estratégia da mudança passa necessariamente pela Assembleia Nacional Constituinte. Esta, entretanto, ninguém a quer, pela negativa direta ou indireta. Em seu lugar, cogita-se de um truque, a Constituinte congressional, que dá ao Congresso de 1987 o que ele já tem — o poder de reforma constitucional, com o leve acréscimo da redução da maioria deliberante.[2] O esquema elitista e de cúpula, receando o passo único, o que evoque a soberania popular, refugia-se numa tática. Supõem os setores que querem reformas — não muitas e não profundas, que reputam arriscadas ao seu domínio — encontrar um atalho. Em nome da eventual maioria futura, formulariam, no varejo, desafios ao governo,

---

[2] Nas palavras de Faoro (1986, p. 95), "só o Poder Constituinte reconcilia, pela sua origem de baixo para cima, a constituição social com a constituição jurídico-normativa". Na época, Faoro manifestava-se contrariamente pela tendência vigente de uma Assembleia Constituinte apartada da soberania popular.

que os encamparia ou se desmoralizaria. A intimidação tem um risco esperado e certo: o risco de que o duelo seja aceito. Na hipótese, tida por improvável pelos atacantes, de que se trave a batalha, também voltarão as conhecidas barreiras, alternativas e sucessivas. Voltaremos ao ponto onde estávamos.

Parte III

A Constituinte e a "transição imaginada" (1985–1987)

A razão da Constituinte

09/01/1985

> Não nos enganemos. A urdidura oblíqua, os compromissos e transações que, ao longo de uma história de enganos e espertezas, saberão, ainda uma vez, temperar com generosa água o vinho das reivindicações populares.

Um dado negativo demonstra, à revelia de seus opositores, a importância e a necessidade da Constituinte, soberana, livre e autônoma. Não a querem todos os que sustentam o *status quo*, os herdeiros e os guardiões do regime fardado, recheado de privilégios financeiros e facilidades à custa dos salários e do povo. Os argumentos se espraiam numa gama extensa de alternativas. Sustentam, num extremo, que as constituições são estatutos inócuos, flores da retórica liberal, sem aplicação prática, ornamentos que não funcionam na realidade. O desmentido do requintado cinismo está nas suas ações passadas e recentes. Se a ordem constitucional não passa de um palavreado de bacharéis, por que editaram, com dureza e violência, os inúmeros atos institucionais e as dezenas de outros atos complementares, sobrepostos ao instrumento tido por inútil? Mandatos não se cassariam, juízes não seriam expulsos dos tribunais, prisões arbitrárias seriam impossíveis sem que, previamente, fosse anulada a estrutura constitucional. A conduta desmentiu, ontem, a grosseira afirmação de hoje.

Inseguros da pregação do imobilismo, os adversários da Constituinte frequentam, em tempo mais próximo, outros atalhos. À direita, rendidos à evidência, à alteração política havida depois da reforma que aboliu os atos institucionais, em 1978 — com a consequência da anistia e da reincorporação ao cenário dos juridicamente banidos —, admitem a reforma constitucional, mantido o esquema da vigente Carta, escrita em 1967 e refundida em 1969. O projeto do emendão,[1] lançado para desviar as energias despertadas pela campanha das diretas, no glorioso ano que se encerrou, obedeceu a essa solerte inspiração. Não faltaram, para dourar a isca, os conselhos dos sábios, os descendentes do João das Regras da alvorada do absolutismo português, com igual audácia e sem o mesmo talento. O outro ardil, de índole também teimosamente conservadora, consistiu em prestar homenagem verbal à reivindicação pela Constituinte. Constituinte, sim, mas pela via do Congresso, o atual, recomendava-se há pouco. Constituinte, sim, mas dentro do Congresso futuro, a se eleger em 1986, promete-se agora, inclusive pela voz do futuro chefe do governo. Num caso e noutro, não se dispensará o conselho dos sábios, conforme a tradição brasileira, que vai a Rui Barbosa e passa, em 1934, pela comissão do Itamaraty. Entre os constituintes, eleitos pelo povo, e o governo, formado com as sobras da mobília do regime em despedida, haveria um elo macio de transições, transigências e transações.

Muita gente de boa-fé, sinceramente devotada à democracia, não percebe a diferença entre a Constituinte pura, simples, autêntica, honrada, popular e autônoma, de seus substitutivos, a reforma pela emenda dentro do atual Congresso e a atribuição de poderes constituintes ao futuro Congresso. Parece à legião dos bem-intencionados que daria no mesmo uma Consti-

---

[1] Trata-se de uma proposta de emenda constitucional a fim de instituir um conjunto de medidas relacionadas à alteração da composição do Colégio Eleitoral. A proposta serviu, na época, de inspiração e fundamento para se concentrarem os trabalhos da Constituinte no Congresso eleito em 1986 — um poder constituinte dentro do poder constituído — sem que houvesse qualquer envolvimento da sociedade civil nessa discussão. O chamado "acordão" foi aprovado em 25 de junho de 1982, firmando que: 1) o Colégio Eleitoral passaria a ser constituído de todos os membros do Congresso, mais seis deputados estaduais de cada Assembleia Legislativa indicados pelo partido majoritário; 2) as emendas constitucionais, para serem aprovadas, deveriam contar com 2/3 da Câmara e outros tantos do Senado; 3) o sistema distrital misto seria aplicado nas eleições de 1986 para a Câmara e as assembleias legislativas; 4) os prazos para desincompatibilização seriam reduzidos para quatro e seis meses; 5) os prefeitos e vereadores eleitos em novembro de 1982 teriam mandatos de seis anos; 6) as câmaras municipais das cidades com mais de um milhão de habitantes passariam a ser compostas de 33 vereadores, em vez de 21; 7) a eleição do próximo presidente da República seria realizada em 15 de janeiro de 1985; e 8) os partidos estariam desobrigados, para se constituírem, do alcance de 5% do eleitorado, com 3% distribuídos pelo menos em nove estados. Esses percentuais, no entanto, seriam restabelecidos depois de 1986. Fonte: Atlas Histórico/CPDOC/FGV.

tuinte especialmente eleita e uma Constituinte cumulada às casas legislativas ordinárias. Lembram que tivemos muitas Constituintes — 1823, 1891, 1934, 1946 —, todas devoradas pelas crises e pela instabilidade. Esquecem que também houve um paradigma do modelo proposto — em 1967 —, menos durável de todos os esquemas de poder, lancetado de atos institucionais e de enxertos na marra, com pacotes e outorgas.

Se o raciocínio se limitar aos precedentes históricos, o contraste forneceria um fio para que se perceba a diferença entre uma Constituição (1891, 1934 e 1946) e um simulacro (1967). As três Constituições elaboradas pelos constituintes não chegaram, salvo uma, às bodas de prata. Foram, não obstante e apesar de muitas promessas frustradas, escudo eficiente na defesa das liberdades, suportando os conflitos políticos e sociais sem violência. Não foram, na verdade, cartas básicas da democracia, território virgem na nossa história, mas distinguiram-se pela fidelidade ao quadro liberal. A outra, a que vige, cheia de remendos e punhaladas em carne inerme, não conseguiu ser liberal nem democrática, embora consagre inovações, adotadas do constitucionalismo europeu, que não devem ser descartadas da experiência política.

Onde está a diferença que projetou consequências tão profundas na atualidade? A evidência primeira indica que, no primeiro padrão — 1891, 1934 e 1946 —, sem esquecer as trapaças do influxo espúrio que ajeita e amolda a Constituição, os constituintes quiseram que, embora em reservas fatais, a vontade popular, a base social do país moldasse o governo, seus poderes e sua competência. No segundo caso — que é o modelo da Constituinte pela via do Congresso —, o governo solitariamente fez, construiu e fabricou as instituições. Inventou, em última instância, um povo para servi-lo e obedecer-lhe. Os conflitos, as divergências, os dissídios, nessa moldura, seriam sempre e necessariamente sediciosos, jugulados e combatidos pelo sabre e pelo cassetete. O povo que estivesse fora da ordem unida prevista no quadro institucional não seria povo, mas multidão amotinada. No primeiro modelo, a democracia poderia, ainda que difícil e penosamente, nascer e expandir-se, embora houvesse sido tolhida. No segundo, a incompatibilidade entre a ordem instaurada e a democracia é visceral. Trata-se, no caso, de um regime tutelado, controlado, ou, se se preferir, protegido, no qual há, ocultos e caricatos, os pares do reino, os grandes de Espanha, os doges de Veneza, num carnaval anacrônico, que seria cômico se não estivesse armado sobre um picadeiro de violência e injustiça social.

Há, em segundo lugar, a legitimidade, existente num modelo, ausente em outro. Ora, a legitimidade — ouve-se. Nela se vê uma querela abstrata, que, com um pouco de destreza, não distingue o governo de fato do governo de direito, ou, com o sofisma, transforma todos os regimes de fato em regimes de direito. Evite-se, por amor ao método, nessa oportunidade, o exame do conceito, em termos de filosofia política. Atente-se apenas para uma trivial constatação histórica, sem recuar muito no tempo. Nenhum dos regimes autoritários, civis ou militares, estruturados de cima para baixo, conseguiu entrar na rotina institucional. Funcionaram, às vezes, com transitória eficiência, enquanto seus guardas mantiveram o dedo no gatilho. Na Argentina e no Uruguai foram para a lata de lixo, apupados pelo desprezo de mais de 90% da população. Na Espanha, o franquismo, em plebiscito, não alcançou 9% dos votos. Em Portugal e na Grécia, nada restou da ditadura, varrida pelo ódio popular e sepultada debaixo das urnas. Aí está o que acontece com a ilegitimidade, aqui e em toda parte, categoria que nada tem de teórica ou de jacobina, ao contrário do que supõem os golpistas de vários continentes e de muitos climas. Se o regime criado pelas Constituintes não durou, incapaz de se manter foi o outro tipo, o dos atos institucionais, do sistema da Constituição de 1967, suspensos sobre uma contingência traumática, ao sabor dos humores dos quartéis. Depois de 1930, a República conheceu muitos golpes. Nunca tantos foram deflagrados nesse espaço de vinte anos, corporificados, cada um deles, num ato institucional ou numa reforma imposta.

Há, entre os dois paradigmas — a moldura constitucional imposta e a votada —, um sonho intermédio. A ele se quer chegar por meio da reforma congressional, pelo atual ou pelo futuro voto do Poder Legislativo constituído. Espécie, na verdade, do modelo renovado de 1967, que tem inegável parentesco com as Constituições republicanas, nunca limpamente soberanas. Trata-se de um palco com dupla luz. No proscênio, os atores eleitos declamam seu papel, veemente ou tímido, enquanto à meia-luz, mais atrás, outras forças vigiam o espetáculo, não raro interrompendo o programa; 1946, no ciclo constitucional que foi até 1964, sofreu repetidas "correções" de rumo: 1954, 1955, 1961. No discurso de boas-festas, o chefe do governo, com entusiasmo e otimismo, prometeu: "As forças espirituais e morais que nos têm guiado velarão pela segurança do nosso destino histórico." Grifem-se "forças" e "segurança", para que a frase se torne cristalina, como projeto e prognóstico.

A REPÚBLICA EM TRANSIÇÃO

Querer que o Congresso elabore a futura Constituição, de acordo com o plano euforicamente elaborado pelos oposicionistas que entrarão proximamente no poder, importa em esquecer muitas coisas. Essencialmente, abandona-se toda a crítica que está no bojo da campanha das diretas, em cuja cauda se deu a virada que desmontou a insolente coligação governista. Nas ruas, não se disse outra coisa senão que a ordem constitucional seria mudada, para, sobre ela, eleger governantes realmente representativos da vontade popular. Falou-se menos em homens do que na verdade do voto, violentamente ferido pelo Colégio Eleitoral. Que é, na verdade, o Colégio Eleitoral, tão duramente repudiado, senão, basicamente, o Congresso Nacional, em composição infiel ao voto? Se o Colégio Eleitoral expressasse, sem distorções, o eleitor, o resultado das eleições, pela via indireta, seria igual ao do voto direto. Demonstrou-se — demonstramos nós — que, se autêntico o Colégio Eleitoral, a oposição, e não o governo, teria a maioria. Em Rondônia, 23 mil votos elegem um deputado, enquanto em Santa Catarina o número sobe para 185 mil. A Câmara dos Deputados, com o máximo de sessenta representantes por estado e o mínimo de oito, agregada a um Senado com representação paritária de três senadores, traça, nível do Poder Legislativo, um mapa eleitoral que não é o mapa popular. O Norte e o Nordeste, com menor população e menor eleitorado que o Sudeste e o Sul, passaram a comandar as decisões. Não, diga-se desde logo, em favor dos nortistas e dos nordestinos, mas das máquinas e oligarquias lá encravadas, herdadas e manipuladas pelos restaurados capitães-generais e capitães-mores de hoje. Some-se à distorção legal o controle eleitoral, nada estranho numa sociedade em que o pobre, para sobreviver, vende sua liberdade, num meio em que há opulentos que podem comprá-la.

Mostrou-se — demonstramos todos —, com o auxílio de mapas e cálculos elementarmente matemáticos, que, na Câmara dos Deputados, São Paulo vale, por eleitor, 0,6; Rio de Janeiro, Minas Gerais, Rio Grande do Sul, Santa Catarina, Paraná e Goiás, 1,0. Em contraste, o Acre entra, por eleitor, com o peso 9,4; Sergipe com 2,3; Roraima com 14,5. Com os senadores, a proporção se desequilibra ainda mais, em escandalosa desigualdade, feita sob medida para domesticar a soberania popular. Observe-se, para cortar equívocos, que a manobra nasceu em 1964: o eleitor sempre foi, entre nós, o perigo confessado dos poderosos de plantão. Não de hoje, mas de sempre, sonharam os oligarcas com um regime sem povo, sem a opinião pública, incendiária nos preconceitos dos políticos que não se cansam de louvar a cordialidade de nossa gente, ordeira e pacífica — isto é, resignada e obediente, submissa e calada.

O Congresso não podia, pela sua representatividade deficiente, eleger o presidente da República. Entende-se agora que ele pode fazer o mais, ele que era, até ontem, inapto para fazer o menos. Ele, só ele, ditará o sistema cujas regras elegem todos os representantes e mandatários, o presidente da República, os deputados e senadores, nomeiam os juízes, constituem a estrutura dos poderes. Dir-se-á, na letra constitucional, como se forma a maioria, onde e como atua e pesa nas deliberações da coisa pública. Haverá incongruência maior? Não está claro que, no esquema em curso, há o embuste maior do refinado autoritarismo, que, batido nas ruas e nas urnas, quer viver e imperar nas instituições, por enquanto restritas ao conhecimento dos poucos?

Se quisermos ser, no mínimo, coerentes, não podemos sustentar, desdizendo hoje o que dissemos ontem, que o Congresso está habilitado para elaborar a futura Constituição. Só uma Assembleia autônoma, eleita sem truques que valorizem e depreciem votos, poderá exercer a atividade constituinte, originária e soberana. Esse corpo não se desprende, em repetição de velho e sovado vício republicano, do governo existente e consolidado. O governo há de formar-se sobre o fundamento da deliberação da Constituinte e não o contrário. Convocar a Assembleia deverá ser, logicamente, o ato inicial da transição, não como seu termo e remate. Essa é a linha reta que vai da campanha das diretas ao novo regime, reclamado nos comícios, por impressionante maioria do povo.

Não nos enganemos. A urdidura oblíqua, os compromissos e transações que, ao longo de uma história de enganos e espertezas, saberão, ainda uma vez, temperar com generosa água o vinho das reivindicações populares. Mas, embora não acreditemos que os tempos estão maduros, não se pode aceitar a trapaça, por obra da qual as raposas entram no lugar dos leões, na fórmula clássica do florentino. Não esqueçamos que Maquiavel apelou para a fábula dos animais depois de advertir que eles devastam as colheitas sempre que a lei silencia. Onde a lei se instaura, o governo se exerce por meio dos homens e não das bestas. Evitemos, uma vez que o combate é longo e incerto o êxito, a personalização. Ilegítimo será o futuro governo, mas ilegítimo é também o mandato do atual chefe do governo, equiparação esquecida por muitos dos contestatários de conveniência, reverentes ao militar que se retira e atrevidos contra o civil às portas do Palácio do Planalto. A reordenação institucional, atingível pela mão única da Assembleia Constituinte soberana e autônoma, nada tem a ver com a pesca de votos na próxima rodada presidencial, pleito que só será legítimo num quadro juridicamente definido — previamente definido —, sem o arrimo de discutíveis milagres carismáticos e de aventuras milionárias.

Oposição, ma non troppo

06/02/1985

> Cautela, recomenda-se agora: mais vale um bom acordo do que a quebra brusca do tempo político.

A oposição era visceralmente contra a eleição indireta, fonte da ilegitimidade do regime. Elegeu, pelas artes do destino, um governo seu, pela linha torta. A oposição entendia que só por meio de uma Constituinte soberana e autêntica se recuperaria a autoridade, fundada no consentimento e na participação do povo. A Constituinte está às portas, reclamada aos brados com outra pele, inclusive por aqueles que a entendiam desnecessária e perigosa. A oposição pregava mudanças estruturais. Na soleira do poder, as reformas efetivas — não as prometidas — devem guardar o limite do abalo à tradição republicana. O regime estava fardado. Era preciso civilizá-lo. Cautela, recomenda-se agora: mais vale um bom acordo do que a quebra brusca do tempo político.[1]

Na penumbra de um dia para a claridade de outro, no curto espaço de seis meses, haverá apenas, ao que se denuncia nos sussurros e nas insinuações, a troca de sentinelas? O simplismo é mau conselheiro, como má conselheira é a vocação de querer tudo já, agora, derrubando paredes que podem ser

---

[1] Em 15 de janeiro de 1985, em última eleição realizada de forma indireta sob a Constituição de 1967, Tancredo Neves foi eleito presidente do Brasil. A chapa articulada pelo PMDB com membros dissidentes do PDS (Frente Liberal) formou a Aliança Democrática, a qual consolidou a candidatura de Tancredo para presidente da República e José Sarney como seu vice. Faoro compreendeu a estratégia política como um "pacto" realizado por cima, mantendo, pela coordenação da classe política estabelecida, as estruturas desiguais (e autoritárias) de poder.

contornadas. A alma da estratégia está e sempre esteve em procurar, na ação, entre muitos pontos, o mais vulnerável nas linhas adversárias. Exclua-se, desde logo, a tática do violino, que promissoramente desponta: segurar o instrumento com a esquerda e tocá-lo com a mão direita. Getúlio, em 1954, ilustrou o malogro do expediente, teatral e inócuo. Essa política é a ausência de política, se não pior, o conservadorismo ilustrado, que supõe enganar e encantar o centro, a esquerda e a direita.

Os indicadores do rumo do próximo governo estão claros, no voo dos balões de ensaio. Nada de espetacular, de ousado, de novo se espera, senão o verbalismo da denominação da República no nascedouro. Como a respeito de outra situação observou um historiador português, o governo cuida assumir discretamente o poder, dele usar discretamente, organizando discretamente um mobiliário mais moderno, menos repressivo e mais persuasivo. Enquanto isso, ninguém quer ver o que se passa e o que se gesta na margem estéril do rio. Seria ingenuidade supor que os interesses que se cevaram durante vinte anos do país saiam em alegre final despedida. Eles se articulam em duas legiões: os que ficarão com outros nomes e outras divisas, e estes são os muitos, ao lado dos que partem, para crescer no fermento de suas decepções — as suas e a das esperanças malogradas.

A última linha transparece na entrevista, tão falada e tão pouco compreendida, do chefe do governo. Viu-se a intemperança e não se percebeu o método, uma vez que no primarismo e na intemperança também há método. Pascal recomendava que, ao ler um texto, destacasse o intérprete uma palavra, uma frase, um período, que, na incoerência, revelam o sentido. A chave, ao meu ver, está na nostalgia do quartel e de seus valores de pureza e patriotismo, em contraste com a canalhice do exercício das funções políticas. Aí está o germe da resistência e do retorno, no militarismo ostensivo ou oculto da República, da Velha e da Nova.

Enganam-se os que, com a boca torta do uso secular do autoritarismo, pensam que o antídoto de um novo surto direitista, que conjugue civis destroçados e militares inconformados, está no passo curto e medroso. O que aí está entrará para o passado, para o arquivo ou para a lata de lixo, se formos capazes de mudar a relação de forças, com a emergência da sociedade atual, que, esta sim, é nova. Fora daí, espera-nos a restauração.

A retórica dos lixeiros

27/02/1985

O chicote só é chicote, pensam mas se envergonham de dizer
os enganadores do dia, se visto pelo lado oposto ao do cabo.

Constituinte mais tarde, não agora, nem antes do futuro Congresso, em 1986. O argumento novo, recentemente lançado na praça, explica as razões do adiamento, que, de cambulhada, revela o que ciosamente se procura esconder. É preciso, previamente, promover uma limpeza do terreno, lembra o presidente eleito — este o "problema", acentua no criativo e fino dialeto das suas montanhas. Outros, mais eruditos e mais vagos, aludem à remoção do "entulho autoritário". Escondidos atrás dessas metáforas de gosto duvidoso, pregam, recomendam e se comprometem com a Constituinte em 1986, na verdade a atribuição ao futuro Congresso de deliberar sobre a mudança constitucional.[1]

O Congresso atual, subitamente convertido em órgão e poder reformista, pode, se válido o argumento, mais do que o que será eleito no ano vindouro. Ele, segundo o projeto em andamento, demolirá a estrutura autoritária — o "entulho" —, cabendo ao próximo construir a casa da democracia. Novamente, entra-se no território das metáforas, como substituto da realidade.

---

[1] Naquele momento, o debate se travava no nível da remoção do "entulho" autoritário, ou seja, em torno daqueles primeiros passos rumo à institucionalidade democrática destinada a eliminar os entraves legais postos pelo regime autoritário que tornavam nebulosa a definição de Assembleia Nacional Constituinte. Constituinte derivada ou originária? Exclusiva ou congressual? Com ou sem anteprojeto? Nas questões colocadas, Faoro procurava analisar as forças contraditórias envolvendo progressistas e conservadores.

Não faltará um ou outro ingênuo que pergunte: removido o entulho autoritário, Constituinte para quê? Afastado o regime, aí está a democracia de volta, flamante e bela, pronta e acabada.

Todo mundo — todo mundo não compreende a legião dos iniciados nos mistérios do poder nascente — supunha que o autoritarismo estava na Constituição, como peça-mestra, maior e fundamental do regime. Pensava-se, antes, que os iluminados com os cargos falassem, que as leis, a de segurança, a de greve, a de imprensa, a eleitoral, a sindical, só existem e vigem porque há um suporte que as sustenta, a norma constitucional. Se assim não fosse, elas seriam inconstitucionais, isto é, nulas, inexistentes, na sequência de uma fórmula adotada desde o início da República. Sabemos, agora, que se pode manter a base, a Constituição, arredando do cenário unicamente seus apêndices.

Que significará esse jogo de lançar areia nos olhos de quem, até aqui, via com clareza? Nada mais, nada menos do que a descoberta do "encanto" autoritário. O chicote só é chicote, pensam mas se envergonham de dizer os enganadores do dia, se visto pelo lado oposto ao do cabo. Para quem o segura pelo lado correto, é um instrumento de defesa, que só é brandido contra os malfeitores. Ora, os malfeitores são os outros, os do lado de lá. Era exatamente o que pensavam — e diziam — os veladores da segurança nacional. Se tudo depende dos homens, os que abusam e os que não abusam do poder, de nada valem as instituições, as leis e os direitos. Há, no maniqueísmo em flor, o mau e o bom déspota, sempre com a presunção de que a nomeação e a investidura purificam os vícios e as paixões. Esta, a receita do charme autoritário, que emerge na alvorada desta Nova República.

O moinho dos debates e dos raciocínios produz, para venda em circuito interno, uma farinha de má qualidade. Quer-se, cuidadosamente guardada a atual Constituição, que o futuro Congresso delibere sobre matéria constitucional. Ora, o que se quer ele pode sem que ninguém o convoque. Pomposamente, chamar-se-á de Assembleia Nacional Constituinte a alteração da maioria, de dois terços, para maioria absoluta, com a vênia máxima da decisão conjunta das duas casas do Congresso. Trata-se, no final das contas, de uma partilha de poder, dentro do Congresso Nacional, ao gosto de 1946, sem que ninguém se importe que dure enquanto inalterados os parceiros, sócios ou cúmplices.

A legitimidade e o slogan

03/04/1985

> A eleição revela sua autenticidade na fixação da regra que a define, regra que diz, pela decisão popular e livre, o que é maioria.

As cobiças eleitorais, que pressupõem devolutas terras ocupadas, gostam de se esconder nas palavras grandes, sonoras e férteis. O governo atual não tem legitimidade democrática, que não se supre com a interpretação dos comícios. O povo não pediu essa situação, senão que, eventualmente, a aceitou, com resignação preenchendo o malogro. Há quem, no poder, mistifique, esquecido do vício do título que o confere, em nada diferente da Velha República. Mistifica-se, entretanto, na nascente oposição, ao deduzir da ilegitimidade a transitoriedade ou a provisoriedade.

Provisório era o governo de Deodoro, como provisório foi o governo de Vargas, em 1930. Seus atos, para se validarem, dependeram de ratificação ou aprovação. As Disposições Transitórias da Constituição de 1934, em virtude da precariedade, aprovaram a atividade discricionária do governo provisório. Pendesse essa condição sobre o regime, carecedores de ratificação seriam os atos dos governadores, também eles designados dentro de igual sistema, com idêntico vício de legitimidade em todos os níveis. Ilegitimidade há hoje, como nos governos anteriores. O governo é de fato, mas não provisório. Só a soberania popular o legitimará, que se expressa pelo poder constituinte originário, não pelas eleições. Eleições existem que não podem reclamar legitimidade democrática, seja pelo excesso de votos, seja pela dispersão das minorias. Eleições unânimes não são eleições, mas a sua caricatura, como não o são eleições convencionadas e arranjadas pelas cúpulas.

A eleição revela sua autenticidade na fixação da regra que a define, regra que diz, pela decisão popular e livre, o que é maioria. Regra que, noutra dimensão, assegura à minoria o direito de existir e de tornar-se, sem impedimentos, maioria. Não se trata unicamente de pactuar a alternância do poder, mas a alternativa de governo. Por meio delas — por si só — não se sai da ilegitimidade: substitui-se uma situação de fato por outra, embora reclamem o fim do estado de provisoriedade. Esta a distinção que está em causa: o governo de fato, que não se confunde à usurpação, num extremo, nem com o governo provisório, noutro marco. Opõem-se ambos ao governo de direito, que, para encarnar a democracia, parte do consentimento dos cidadãos sobre a lei fundamental, consentimento que se aperfeiçoa na participação, não apenas a participação eleitoral, mas a participação nos órgãos da sociedade civil.

O espaço é curto para demonstrar o axioma, uma vez que os axiomas, como ensina o filósofo Leibniz, exigem, em muitas hipóteses, explicação. Não se pense que a irresponsabilidade semântica tenha consequências unicamente jurídicas, no debate elegante de princípios, teses e postulados. Sobre o malabarismo verbal, que, no fundo, exclui a deliberação constituinte em favor de um truque plebiscitário, há o risco de se caracterizar o "fato histórico negativo".[1] Um fato histórico negativo é, concomitantemente, um fato político negativo. Em lugar de uma situação, que os eventos e a vontade fecundam, alimentando a expectativa de todos, ocorre ou se provoca a ocorrência de um substitutivo. Queria-se uma eleição direta, que fosse o motor de mudanças sociais e políticas. Veio um governo que, sem as mudanças, permaneceu prisioneiro de uma máquina anacrônica. Um presidente desenhado pelas urnas, sem a reforma da estrutura constitucional, inconfundível à manobra maquiladora do Congresso, dissimulará o sintoma, mas não curará a enfermidade — estará condenado ao imobilismo, à beira da crise.

---

[1] Um "fato histórico negativo" é um acontecimento cujos efeitos duradouros deixam de se produzir conforme o esperado. A reflexão é direcionada aos efeitos políticos esperados no contexto das "Diretas Já", os quais, após a posse do vice-presidente José Sarney, em 15 de março de 1985, e, na sequência, com a morte de Tancredo Neves, pareciam se mostrar controversos à expectativa popular estimulada.

Um país caminha entre o imaginário e o real

01/05/1985

> Em lugar da crença, do slogan e do mito, sai da obscuridade e das sombras o jogo de forças, que está na base do regime e do governo.

A República, sacudida pela emoção e pela dor, antecipa a entrada na realidade, despida do adjetivo, que ideologicamente a envolvia. O desvio de curso — a *aberratio ictus* do itinerário político — devolveu-lhe, sem paradoxo, o perfil de sua marcha autêntica. Ela voltou a ser o que é, despida de véus e desamparada da personalidade tutelar de um líder e de um projeto. O imaginário saiu da cena, sem que, a curto prazo, outro teatro ocupe o espaço vazio.[1]

Em lugar da crença, do slogan e do mito, sai da obscuridade e das sombras o jogo de forças, que está na base do regime e do governo. O próprio oportunismo, recurso habitualmente disponível em transações não institucionalizadas, adiamento do principal em favor do acessório, do irrelevante, perde a eficácia. Na ação, as alternativas possíveis, se proteladas, convertem-se em sucessivos impasses, um mais sombrio do que o anterior. O tempo é curto, urgentes as decisões. Numa semana, em duas no máximo, o edifício se recomporá, ou perecerá.

Há um presidente, dentro de uma interrogação e da perplexidade nacional. O fator pessoal, a competência ou a incapacidade, só ele dirá a palavra decisiva, capaz de definir a sorte do espaço do mandato ora aberto. No primei-

---

[1] Neste artigo especial na sessão "Opinião", Raymundo Faoro analisa as primeiras possíveis repercussões políticas do falecimento do presidente Tancredo Neves em 21 de abril de 1985.

ro tempo, uma opção determinará todas as outras. Governará com recursos seus, ou se resignará a representar um personagem por ele não desenhado, inclusive materializando o fantasma do antecessor? A última proposição negará o presidencialismo, base da equação de poder. Levará ao fenômeno, identificado, na Primeira República, pelo olho genial de Gilberto Amado.[2] Trata-se do *pinheirismo*, estratégia, sempre precária e flutuante, posta em prática mais pela ação do que pelo pensamento, filha da audácia inovadora de Pinheiro Machado. Uma constelação de forças, ancorada no Congresso, sob o comando de um líder ágil e hábil, dirige, inspira e governa o presidente da República. O chefe do governo, para que se submeta ao círculo de limitações, não conta, como não conta no momento, com densidade própria, quer pela debilidade de seu esquema político, quer pelas insuficiências da base. O *pinheirismo* supõe a estrutura assimétrica, com o fechamento da autonomia do controlado. A inação ajudará o esquema, mas afasta, na sua dinâmica, a passiva adoção do programa e do elenco herdado, já encravado no ministério e na administração pública.

Fora daí, que é o mundo de Rebeca e o mundo de um centro de comando exterior ao Palácio do Planalto, há a perspectiva da emancipação da figura, que, de secundária e ornamental, passaria ao primeiro posto, por deliberação de vontade. Há muitos riscos e algumas ciladas nesse caminho, corajoso ou astuto. O risco maior será evocar, ainda que sutilmente, apoios extraparlamentares e fora dos partidos, capazes de bancar o repúdio. A cilada estaria na ausência de programa de mudanças, programa que, se configurável, imantaria o apoio popular, ao qual não poderiam resistir as facções. A linha reta passa necessariamente pela evocação e a organização do território constituinte. Não, obviamente, com a proposta de um embuste, o Congresso Nacional usurpando funções da soberania nacional, mas o exercício desta, sem intermediações desfiguradoras. Convém, desde logo, denunciar a intriga, mobilizada pelos parvos e mal-intencionados, de que a corajosa iniciativa anularia o Poder Legislativo. Uma Assembleia Constituinte não deriva do Congresso, como se quer com propósitos conhecidos, senão que, na pureza democrática, leva ao quadro contrário.

---

[2] Gilberto Amado (1887–1969) foi um diplomata, jornalista, advogado e político sergipano. Através de romances, ensaios filosóficos, crônicas e estudos político-sociológicos, Amado contribuiu para a construção de um importante referencial documental para a compreensão do Brasil Republicano. Fonte: CPDOC/FGV.

O inventário do "entulho"

26/06/1985

> Bastaria, para democratizar a nação, uma estação de cura, assistida por médicos competentes e remédios eficazes.

O computador, dirigido por ordens não decodificadas ao público, somou o legado autoritário. Contou 2.480 atos, numa escala que vai das leis às portarias, contundentemente antidemocráticos, caracterizados pela doutrina de que tudo que não é obrigatório é proibido, apenas nos últimos vinte anos. Na verdade, uma colheita magra e provisória no campo de ervas bravas e daninhas da fúria legiferante de todas as autocracias. As ditaduras, no momento que rompem os elos de coesão social, cultivam o delírio de organizar uma sociedade paralela e superior, estruturada no papel. No fundo, há uma ilusão dentro de outra ilusão, esta menos inocente do que aquela. Quebrada a autoridade, cuja fonte única — e nisso se distingue da força — está no consentimento e na participação, entra em seu lugar o comando, expressão suavizada e eufêmica do cassetete.

Catalogado, fichado e numerado o espólio, cuida-se de liquidá-lo, por meio de outras portarias, decretos severos e leis revogatórias. A ingenuidade da empresa é comovente e perigosa. Em primeiro lugar, o número tem todos os sintomas das escolhas arbitrárias, centrado unicamente no critério proibitivo e rudemente impositivo. Onde ficaram, em que território se esconderam as medidas, várias e de fisionomia cinzenta, que regulam a economia, as profissões, grupos e categorias? Em segundo lugar, o autoritarismo não se confunde, senão na miopia primária, com os últimos vinte anos. Toda a ordem trabalhista, no espaço que ocupam os direitos sociais, vem de 1937 e ainda dura.

O autoritarismo não é, como simplesmente se quer inculcar, um modelo, um padrão, um paradigma, violentamente enxertado, nas últimas duas décadas, na democrática e liberal, na sublime e incontaminada, até ontem, história brasileira. Teria havido, segundo essa ótica não explícita, mas definível, uma epidemia introduzida no país por um pequeno grupo dirigente, que se manteve no poder graças à conivência dos empresários e da desmobilização forçada do operariado. É, com outra roupa e sem o mesmo brilho, a tese do parêntese, em voga entre os liberais italianos na explicação do fascismo. A encenação contém, na candura da nota indignada, uma astúcia conservadora, presente, ainda que a ignorem seus porta-vozes. Bastaria, para democratizar a nação, uma estação de cura, assistida por médicos competentes e remédios eficazes. Recuperado o organismo, dominada a febre, voltaríamos aos bons e felizes tempos, nos quais canta o sabiá e florescem as laranjeiras. O ciclo estaria completo, com a restauração — melhor, a manutenção — da gaiola antiga, com esmalte novo.

No varejo que se anuncia, com a trabalhosa e minudente caça aos parágrafos esparsos nos textos sepultados no *Diário Oficial*, o principal fica de fora. O quadro que se quer limpar, coberto de rabiscos e de empoladas regras, não é um ser, mas um *fieri*. Há um século e meio, a escravidão não perturbava as consciências dos nossos conservadores, nem tirava o sono dos liberais. Na *Belle Époque* espantavam-se os eleitores e proprietários com a insistência do sufrágio universal, orquestrada com a extravagância — para eles — do voto feminino. Transponha-se a premissa oculta de hoje para os anos passados, não muito distantes, para sentir a plataforma dos garis oficiais. As leis existem e aí estão não apenas por obra do legislador, mas porque o legislador está atento à sociedade civil, fossilizada pela força, mas também, e sobretudo, pela atmosfera de sono que a entorpece. Esse é outro capítulo, o capítulo sonegado da soberania popular e constituinte, a verdadeira, não a falsa.

Constituinte entre aspas

03/07/1985

A astúcia nem sempre é a virtude essencial da política. No caso brasileiro, está mais próxima a uma perversão estrutural de sua elite.

I — O esquema

Aconteceu o que se esperava, com uma nota avulsa de cinismo. O presidente da República divulgou mensagem de emenda que assegura aos deputados e senadores eleitos em 1986 o poder de reformar a Constituição, por maioria absoluta, em dois turnos. A essência da proposta reitera o que já existe: o poder constituinte subalterno do Congresso. A novidade está no processo e na sua extensão. Em lugar de emenda constitucional, emendinha ou emendão, haverá a *revisão*. A Constituição de 1934 contemplava a fórmula, nas suas duas modalidades, à qual agora se retorna, sem a mesma modéstia, mas com ruído, festa e foguetório.

A nota de cinismo tem muitas vozes e começa com o nome. O projeto dá, sem nenhuma cerimônia, à nascitura o título sonoro e estridente de Assembleia Nacional Constituinte. Tamanha audácia, o "descarado heroísmo de afirmar", faltaram ao marechal Deodoro, que se limitou, em 1889, à expressão *Congresso Constituinte*. Lembre-se a cautelosa cerimônia com que as Leis Constitucionais nº 13 e 16 de 1945 se apropriaram das palavras solenes. Tancredo Neves, com a autoridade que lhe deu a longa, tenaz e flexível oposição, limitou-se, no discurso de eleição, a falar em "poder constituinte" e "deputados constituintes" sem afastar-se do pudor político. A impostura verbal vende uma coisa por outra, no pior estilo dos mascates, insinuando que há poder originário, manifestação da soberania popular e nacional, numa viagem de pequeno curso dentro da ordem constituída.

Nos quatro artigos da mensagem presidencial há mais do que o desvirtuamento do sentido das palavras. O Poder Executivo, ao invocar a iniciativa da emenda constitucional, permanece prisioneiro do regime de 1964. Entendeu-se, em regra, que o poder de legislar contempla o poder de emendar a Constituição, salvo nas matérias prefixadas. A competência e a prerrogativa pertencem, por imperativo antes de tudo lógico, ao Poder Legislativo. Entre nós, a tese só foi quebrada pelo Ato Institucional nº 2, de 27 de outubro de 1965, que deu ao presidente da República a iniciativa de emendar a Constituição, por deliberação solitária, em preceito até hoje inalterado. Havia um motivo para a mudança, redutível à força crua e nua: o movimento de 31 de março investiu-se, por sua conta e risco, "no exercício do poder constituinte". Essa é, na realidade, a alma da interferência presidencial no processo constituinte. Ouve-se, vez ou outra, o argumento de que D. Pedro, Deodoro e Getúlio também usaram de idêntica atribuição. A má-fé esquece que, nos precedentes, não havia, como agora, Parlamento ou Congresso em funcionamento. Não se atribuíram nenhum deles, entretanto, o poder constituinte, por obra de uma "revolução vitoriosa". Ao contrário, submeteram a usurpação violenta do poder à vontade popular, ainda que nominalmente, dentro de um rio de vício e fraudes. O precedente do plano em curso não está em 1822, 1889, 1933 e 1945, mas em 1966, com o Ato Institucional nº 4, visível nas dobras da língua esperta e camuflada. O presidente da República, apesar de vivo o Congresso Nacional, assume a iniciativa da emenda constitucional, com o acréscimo, já revelado, de submeter-lhe o seu projeto, dentro de prazo certo e fatal.

II — Os interesses vitoriosos

Não está em causa, no projeto governamental, ao contrário do que maliciosamente se diz, unicamente a quebra da coerência jurídica e da dignidade lógica. A questão é outra e diz respeito ao interesse de classes, grupos, numa conjuração estamental do Brasil velho contra o Brasil

A REPÚBLICA EM TRANSIÇÃO

contemporâneo. Atente-se, na titularidade da revisão proposta, quem delibera e quem escolhe os congressistas. Os deputados serão 479, e 69 os senadores. A Câmara dos Deputados compõe-se de representantes eleitos "proporcionalmente à população", sem que nenhum estado "tenha mais de sessenta e menos de oito deputados". Em Rondônia e Sergipe, 23 mil e 47 mil eleitores elegem, respectivamente, um deputado, enquanto em Minas Gerais e Rio de Janeiro são necessários mais de 100 mil para obter uma voz na Câmara dos Deputados, número que se eleva a quase 200 mil em São Paulo. Há mais: agreguem-se, uma vez que conjunta será a votação constituinte, três senadores ao número de deputados e ter-se-á um acréscimo desproporcional de 37% para Sergipe e Rondônia, com apenas 5% para São Paulo e 5,5% para Minas Gerais. Resulta que, de um corpo de 548 votos, mais de 10%, cerca de sessenta pessoas, foram eleitos pela bruxaria, com votos emprestados, réplica dos biônicos de 78 ou dos classistas de 1934, fantasmas encaixados para, na medida certa, desequilibrar a autenticidade representativa. O vício, agravado nos últimos tempos, não é recente, e sim perceptível desde 1934.

Está claro? O país do coronelismo, da rédea central dos favores, das verbas e dos subsídios, o país politicamente arqueológico, no qual o mandonismo se cruza às nomeações burocráticas, controla os conflitos e dissídios do país industrial e moderno. Não se pense que, ao revelar a intimidade da oligarquia, haja preconceito contra o Norte e o Nordeste. Os nordestinos e os nortistas, o povo e não os caciques, são vítimas do sistema, em martírio secular; em proveito de chefetes por direito próprio e de sua humilhada clientela. Brasília, como símbolo da burocracia, alimenta a estagnação e a estagnação alimenta Brasília, na dialética esperta das vantagens recíprocas. O que sai daí todos conhecem, sentem e veem. A Federação se volatiliza, desfigurada em dependências numa confraria de pedintes que vendem a autonomia em troca de submissões crescentes. A economia, cortada de interferências e controles, se estatiza, num desenho irracional para os particulares, inteligível unicamente aos tecnocratas, que perfilham o viçoso ramo da especulação e da usura institucionalizada. Os dissídios operários escapam do domínio dos sindicatos para as mãos do Ministério do Trabalho e seus pelegos. As tutelas são para todos, fundadas na aniquilada soberania popular, culminando na tutela militar, garante e fiadora do edifício. A ordem constitucional, que comanda as leis e os poderes públicos, sanciona a ordem social, impedindo-lhe a dinâmica e a mudança.

III — A plateia e o mágico

O plano é audacioso e hábil. Funcionou em 1891, 1934, 1946 e 1967. Em todos esses momentos, datas que geraram Constituições, a base eleitoral era mínima, deficiente à participação eleitoral. Não se recorde, pela distância do tempo, os ridículos 2% a 5% de 1891 a 1934. Examine-se o quadro dos últimos quarenta anos. O Congresso de 1946 foi eleito num universo de 15% da população, não obstante o alistamento *ex-ofício* e o voto feminino. Compare-se com os 40% que compareceram às eleições de 1982, numa percentagem de 48% dos inscritos, para que se perceba a ausência participativa. O Congresso que elaborou a Constituição de 1967 elegeu-se com 17,5% da população, dentre 22,5% de eleitores inscritos. Hoje, com o voto dos analfabetos e o clima de liberdade política, com partidos ativos, pode-se estimar um eleitorado de 55% a 60%, com uma participação efetiva de 50%, o que significa que não seria possível, como em 1946 e 1967, o funcionamento de mais dois Congressos, se alistados os eleitores que não foram convocados. Em 1946 e 1967, a plateia deixou dois terços dos lugares vagos: a mágica se fez na presença de um terço, ou menos, da lotação. Em 1987, as cadeiras da plateia estarão ocupadas. Em 1946 e 1967 seria possível apelar para os ausentes, se insatisfeitos os presentes. Os presentes sentiam o desconforto das cadeiras vazias, certos de que seus apupos e aplausos poderiam ser desmentidos pelos dois terços que ficaram de fora, desinteressados do espetáculo e do circo. Prestavam-se contas, em outro tempo, a trinta pessoas entre cem: agora, noventa cobrarão o engano e a fraude do truque.

O coeso grupo oligárquico que está habituado a mandar e a desmandar não se intimida com os números e com a realidade. Ao contrário, estará ciente de que deve jogar a cartada já, imediatamente. Ele está diante da alternativa do *agora ou nunca*, que o estimula a agir com presteza, espertamente. Os seus sábios estão a postos, prontos a fabricar o sapato: se o consumidor reclamar, dirão que sabem o ofício, indiferentes aos calos. Virá, na sequência, a comissão do governo, afirmando que o anteprojeto

A REPÚBLICA EM TRANSIÇÃO

não será obrigatório para o Congresso, mera recomendação de quem sabe para quem não sabe. Se esse é o propósito, ninguém entende a sua utilidade, salvo que se suponha que o eleitor não sabe votar, na escola do tradicional conservadorismo brasileiro. Impossibilitado o governo de encontrar, como encontrou em 1890, um Alvim para costurar um regulamento de arrocho eleitoral, utilizará o artifício pré-fabricado, ao qual não faltará assessoria militar. Em 1933, na Comissão do Itamaraty, o general Góes Monteiro percebeu, nos cálidos louvores de seus companheiros, que era o mais notável constitucionalista vivo.

IV — A opção

Não temos uma lei fundamental, senão um retalho de outorgas e regras irrealizadas. Não será melhor, em lugar de coisa nenhuma, um texto, ainda que mau e imperfeito? Ilegítima é a Carta vigente, ilegítima será a que vier pelas mãos do Congresso. Em uma e outra não há a manifestação autêntica, real do povo. Uma nasceu pela violência, nascerá a outra da impostura. A opção está aí. O Congresso emendou o tapete de 1967, pela maioria de dois terços e a votação sucessiva das Câmaras: mudará, por outro *quorum*, o mesmo desenho, conservando o risco do artesão, com instrumentos de seu laboratório. A alternativa não é, portanto, entre o ruim e o menos ruim, mas entre a mentira e a força. Aceito o engenho oligárquico, como se aceitou 1946 e não se recusou 1967, há o risco de que a opinião pública, por algum tempo — dez, vinte anos —, sofra o efeito do ópio, desmobilizada de suas reivindicações. Esse é o cálculo que comanda a estratégia posta em execução.

Diante do espetáculo, a voz do descrente. Constituições não faltaram ao país — 1824, 1891, 1934, 1946 e 1967. Todas estão mortas. Que importa mais uma, entre muitas? Note-se, entretanto, que não tivemos nenhuma Constituição, mas cinco arremedos, uns outorgados, aberta ou dissimuladamente, e outros astutamente impingidos. Tivemos muitas Constituições, nenhuma durou, sem que ninguém se doesse de seu falecimento, súbito ou esperado. Significa dizer que uma única Constituição existe, mas irrevelada, enterrada na manipulação do palavrório escrito e não cumprido. Porque ela existe, por paradoxal que pareça a observação, não duraram as paródias, abandonadas, sem saudade e sem lágrimas, de acordo com as conveniências dos donos do poder de plantão. O país está em outro lugar. Ele não é a imagem da minoria que o engana e o explora. O outro país, o país de verdade, nunca teve Constituição e não a terá através do receituário ora insolentemente aviado. Uma Assembleia Nacional Constituinte, para que o nome não engane, expressa, reflete e representa a vontade popular, sem intermediações, as do governo e as do Congresso.

Um capítulo do anedotário republicano

24/07/1985

> Os homens de 1889, de 1932 e de 1966 pensavam que, em lugar
> do povo, deviam organizar a nação, porque eram ilustrados
> e, sobretudo, porque estavam armados.

Ninguém pode avaliar, nesta altura do tempo e dos acontecimentos, se a entoada Nova República entrará na história. Entrar na história não é a mesma coisa que obter um registro no calendário ou merecer a apologia patriótica de um historiador provinciano, grato ou gratificado. Ninguém duvidará, entretanto, que o seu lugar, no anedotário político, está assegurado, além da dúvida e da seriedade, ilustrando uma das melhores páginas do humorismo nacional, em todos os tempos.

O caso vai por conta da famigerada Comissão, concebida como uma espécie de aperitivo da temporada constituinte de 1987, batizada com a hipérbole "Assembleia Nacional Constituinte". O nome está entre a impostura e a retórica, com clara opção pela segunda hipótese, dado o perfil beletrístico do oficialismo reinante. A memória sugeriu ao governo a organização de um comitê, igual ao de 1889, ao de 1932 e ao de 1966, que prepare o documento constitucional, como fez em 1891, 1934 e 1967, sem maiores incômodos ao constituinte, aliviado de seus encargos por obra do prestimoso governo. Em 1889 e 1966, por decreto e por ato institucional, aludiu-se ao *projeto*. Em 1932, a comissão foi incumbida "de elaborar o *anteprojeto*", nos termos do Decreto nº 21.402. Quem faz um projeto, um anteprojeto, um plano, um discurso, quer que ele prevaleça, no guisado final. Se não tem nenhum interesse no resultado, por que a comissão?

Para esclarecer, montada na sabedoria, os incautos e os ignorantes que o eleitorado levar ao Congresso?

No caso, por que o Congresso ou a grandiloquente "Assembleia Nacional Constituinte"? Se o povo é incapaz de votar e de escolher, como pressupõe a última alternativa, ainda que nas dobras da lógica escamoteada e insinuada, o autoritarismo não está extinto, nem em férias, apenas mudou de titulares. Os homens de 1889, de 1932 e de 1966 pensavam que, em lugar do povo, deviam organizar a nação, porque eram ilustrados e, sobretudo, porque estavam armados. Nessas datas de transformação constitucional, atuou um pequeno corpo em nome do eleitorado, também diminuto, 1% da população em 1889, 4% em 1932 e 19% em 1966. Hoje, com a participação eleitoral prevista para mais de 50% quer-se repetir o truque, com o vago sentimento de que os poucos não conseguirão enganar os muitos, na verdade, a população inteira, pela primeira vez mobilizada numa eleição, em 1986.

O expediente, para trocar as cores, como se o país não passasse de uma chusma de daltônicos, está em trocar os nomes. O secretário de Imprensa da Presidência, mais um nome pomposo para traduzir o vulgaríssimo porta-voz, depois de mencionar o acima-assinado, explicou que não se cogita de "qualquer *influência* negativa sobre a soberania e a independência da Constituinte". Os ministros militares, ao lembrarem que o capítulo sobre as Forças Armadas está muito bom na letra vigente, estariam no exercício da *influência* positiva? O ventríloquo presidencial não quis dizer outra coisa: os membros do grupo palaciano — cuja honra, dignidade e saber não estão em causa — vão elaborar um trabalho que se pede não seja tomado a sério. A nota satírica fica por conta de outra manobra: a palavra "anteprojeto" sai de circulação e, no sulco da borracha, entra a palavra "texto". A voz, a que inspira o porta-voz, verga-se às leituras de juventude do seu amo. "Que é um nome?", perguntava Julieta. Se a rosa tivesse outro nome, perderia o perfume? É no que dá o excesso de memória. Pensar é esquecer os precedentes inadequados e atualidade, para não iludir, em cada dois eleitores, um, no universo da plena participação política e popular.

O prato das elites

14/08/1985

> A elite está em toda parte, no verniz democrático que renova
> os burocratas e nas credenciais dos aspirantes aos lugares
> ocupados, tradicionalmente e obstinadamente ocupados pelos
> donos do *mérito* por atribuição própria.

Houve um tempo em que a palavra era suspeita, depois do convívio com o
fascismo e o autoritarismo. Ela volta, triunfante e descarada, no rearranjo dos
quadros de governo e nas comissões oficiais, abertamente reconhecida pelos
organizadores da comissão pré-Constituinte. A elite está em toda parte, no
verniz democrático que renova os burocratas e nas credenciais dos aspirantes
aos lugares ocupados, tradicionalmente e obstinadamente ocupados pelos
donos do *mérito* por atribuição própria. Há uma advertência implícita e clara
no retorno da doutrina. A entrada nos cargos e nas honrarias passa pelo
exame de porteiros, que conferem a identidade dos novos companheiros.[1]

A doutrina das elites — não o conceito — parte de um ponto de apoio: o
poder está e se exerce pela minoria e não pela maioria. As variantes, depois
que Mosca e Pareto trocaram pesados insultos, cada um deles reivindicando
a autoria do achado, desdobram-se numa longa linha de estratégias, a oligárquica e a liberal. Haveria elites governamentais e não governamentais, sem
que a caracterização importe em juízo de valor. Há, entre os salteadores,

---

[1] Em junho de 1985, o presidente José Sarney encaminhou ao Congresso Nacional a proposta de convocação da Assembleia Nacional Constituinte. No mês seguinte foi criada a
Comissão Provisória de Estudos Constitucionais para elaborar o anteprojeto, à qual Faoro
se refere neste artigo.

uma elite, reconhecível também no meio político, os que compram e fraudam votos, ao lado dos *sectários* ou *radicais* (as palavras são dos fundadores da teoria).

A elite se articula mediante pressupostos não confessados. Uma sociedade hierárquica e autoritária aceita e seleciona os sucessores, de acordo com padrões tradicionais. Cala impaciências e ambições, cobiças e fomes, com a reserva de um lugar à mesa. Há, em outro plano, a concorrência na feira do arrivismo, com o prêmio aos mais astutos e aos mais ousados. Em ambas as hipóteses, funciona um tribunal oculto, espécie de confraria dos que chegaram antes, que realiza o concurso e distribui as notas. Esse é o ponto relevante de todo o sistema, que controla o trânsito, para que ele não se congestione, nem se convulsione. Os coveiros supremos administram o cemitério, que é a história, junto aos porteiros da maternidade, preocupados com a circulação dos atletas. O propósito é de que não haja a oligarquia explícita, na cúpula, nem o proletariado intelectual, no excesso de candidatos sobre as vagas, na base. A sabedoria flexível e ardilosa mantém o equilíbrio do sistema, mascarando as rupturas e as transições na continuidade.

Maquiavel, pai putativo dos elitistas modernos, caracterizava as qualidades da minoria vitoriosa com a pele de dois animais, a raposa e o leão. A elite, para governar e para se renovar, usa a arte de uma, se tranquilos os tempos, e as garras de outro, se pesada a luta. O último animal, neste Cone Sul, transmutou-se, em tempos recentes, em pele mais feroz e menos nobre. A elegância da raposa, na versão de La Fontaine, está longe da trôpega língua e da pobreza dos expedientes dos líderes que monopolizaram o circo, nesta temporada indigente.

Não se perca a figura, em modalidade não vista pelo florentino. O poder, que está na pata inteligente da raposa ou na juba do leão, não se esgota no cargo, na posição, na comenda e na honraria. Os animais têm astúcia maior do que sonha a psicologia zoológica. O leão é o símbolo e o alvo da guerra na floresta, na caça selvagem pelas preeminências. A elite é, embora se disfarce em raposa, o leão: não o animal irracional, mas o racionalíssimo animal que consegue domesticar-se, nas imunidades de seus dentes. Para reconhecê-la, basta verificar quem e quantos escapam de seus dentes, que rugem no Imposto de Renda.

O charlatanismo constituinte

21/08/1985

A Constituinte do sr. José Sarney está na mesma faixa das extravagâncias sírias — é o que já atinaram os mascates e camelôs da bugiganga oficial.

Não durou muito tempo a farsa de apelidar de Assembleia Nacional Constituinte a redução do *quorum* de deliberação do Congresso sobre a mudança constitucional. De dois terços a maioria passaria à metade mais um dos membros das Câmaras, conservada toda a estrutura oligárquica e viciada da máquina política. Com esse esmalte a República Velha seria, por passe de mágica, a Nova República. Os cansados gestores de todas as Repúblicas — as velhas e a nova — pensaram, na euforia que os contamina diante de suas próprias espertezas, que teriam, mais uma vez, descoberto a pólvora.

Os hábeis, os audaciosos aprendizes da arte de, no governo, copiar o estilo de seus antecessores, sem nada mudar e sem nada inovar, já perceberam que a trapaça não funcionou. O caminho que lhes abriu os olhos revela que eles não são tolos em termos absolutos. Notaram, apesar dos manifestos, dos discursos, dos anúncios e da publicidade, que ninguém se interessou pela pomposa Assembleia Nacional Constituinte. A Assembleia Nacional Constituinte deles — não a autêntica Constituinte — não conseguiu entrar no mercado popular. Restringiu-se, como toda a intriga, aos seus próprios comentários, na área dos 25% da população, como denunciaram as pesquisas de opinião pública. Em lugar de desclassificar os números à ignorância dos eleitores, raciocinaram — e corretamente — de outra maneira.

As raposas de comícios e urnas, sem nunca haverem lido Pascal, plagiaram uma de suas páginas mais lúcidas. Descobriram, também eles, que, sem saber o que é prosa, falaram em prosa durante toda a vida, em má prosa, faça-se a justiça de admitir. Os olhos veem aquilo que gostam de ver, o espírito não se fixa no que não ama, dizia o velho Pascal, em lição inconscientemente adotada pelos persuasores de todos os tempos, os que vendem sabonete na televisão e candidatos nos partidos. Um Ibope sobre o sistema político da Síria mostraria que 99,9% dos inquiridos nada saberiam responder. Ignorância? O governo da Síria não está nas cogitações de ninguém, salvo de um ou outro excêntrico. A Constituinte do sr. José Sarney está na mesma faixa das extravagâncias sírias — é o que já atinaram os mascates e camelôs da bugiganga oficial.

Advertidos do malogro, mudam a tática, sem mudar a alma e as intenções. Inventam fórmulas e mais fórmulas: aos congressistas querem somar representantes transitórios, em enxerto de plantas que se repelem. A manobra não tem nenhum valor, mas tem um mérito inegável, na confissão de sua insegurança. Há outros expedientes à mão: uma Constituinte a varejo somada à outra, mais tarde, por atacado. O receituário não para aí, na fértil e miúda imaginação dos charlatães.

Não se consegue negar, nem esconder o essencial, estridente e luminoso debaixo dos artifícios rasteiros. É inegável que as Constituintes em exposição, exibidas ao crediário, não farão nada de diferente do que faria uma reforma constitucional, qualquer que seja o *quorum*. Os limites não estão na maioria, mas no processo que seleciona, poda, retorce e castra a representação popular, limites inerentes ao Congresso Nacional, com suas máculas conjunturais e estruturais. Está aí a chaga e sobre ela deve ser aplicado o remédio. Fora disso, só existe um recurso, do qual a imensa maioria que responde aos inquéritos de opinião pública está consciente. Ignorar a farsa, e, como resposta ao fato, recusar, pura e simplesmente, redondamente, todo o esquema proposto pelo governo.

A hora da verdade

11/09/1985

> O quadro econômico-financeiro conduzirá o barco, de cuja tripulação se destacará mais de um fantasma do passado, cuja vida foi soprada por um governo que teve medo do futuro.

Naquele tempo, no tempo das neves de antanho, como na balada francesa,[1] entre setembro de 1984 e abril de 1985, viveu-se o milagre. Sob o malogro das diretas, dentro da astuta trama que as substituiu, armou-se a coligação. Os líderes não atuaram com densidade própria, mas nos símbolos de coesão contra o reino podre, que se obstinava em sobreviver contra tudo e contra todos. As medições de opinião pública, antes e depois da eleição de Tancredo, indicavam que cerca de 75% da população aceitaram a saída de emergência, a transação que se nobilitou com o título de transição.

A realidade chegou mansamente, suavemente. Os níveis de aprovação do governo, agora órfão, em nome de um grande empréstimo, mantiveram-se altos, superiores a 50%, até julho do corrente ano (*Veja*, 29/05/85; *Folha de S.Paulo*, 25/06/85). O *turning-point* coincidiu com agosto, quando a opinião pública de São Paulo, de Porto Alegre e do Recife (*Jornal do Brasil*, 01/09/85) negou, pela primeira vez, ao sr. Sarney as notas *ótimo* e *bom*, pendendo para o piedoso *regular*, sinônimo de lamentável. A fogueira que devorou o ministro da Fazenda, não isenta de algumas fagulhas de perfídia, liquidou a herança. O governo está, definitivamente, entregue

---

[1] "Ballade des dames du temps jadis" é um poema de François Villon, poeta francês do final da Idade Média.

a si mesmo, forçado a conquistar a confiança popular e a executar um programa autônomo.[2]

O jogo se travará entre tudo ou nada, no caminho em que um entendido em crises, na linguagem que o romantismo permitia, definiu em duas extremidades, a que vai do Capitólio e finda na Rocha Tarpeia.[3] Os oráculos, antigamente, falavam com essa arte, que não era sibilina. Houve — talvez ainda haja — uma opção, política e não administrativa, que consistiria em entregar a mudança social à via eleitoral, por meio da Constituinte imediata. Portugal e Espanha entenderam o processo. Aqui, em lugar dele, escolheu-se a insensata eleição municipal, sem nenhuma incidência sobre as instituições, adiamento que não adiou nada, senão que antecipou a tempestade.

Em lugar da renovação política, escolheu-se o conservadorismo dos expedientes dilatórios. Neles se inclui o arranjo financeiro, com ministro novo e novos projetos. Haverá tempo para enfrentar os problemas antigos e os problemas recentes, os que saem de dentro dos erros da tática adotada, por meio de uma apressada fortaleza de eficiência recuperada? Se os inquéritos de opinião pública significam alguma coisa, a resposta é negativa. Apenas 11,6%, contra 75,8% de descrentes, esperam alguma mudança essencial (*Folha de S.Paulo*, 01/09/85). Terá a equipe do novo ministro da Fazenda, qualificada pela alta competência acadêmica, tempo para ganhar o tempo perdido? Os assessores podem muito, mas não podem tudo, perdidos na travessia de desencontros, guiada pela frota de calados desiguais do gabinete reinante.

Não é necessário ser profeta para antecipar o que será o resto do ano, no máximo com o prolongamento até o primeiro trimestre de 1986. A conjectura não antecipa o tempo, senão que versa sobre o presente, numa projeção de alguns meses. O quadro econômico-financeiro conduzirá o barco, de cuja tripulação se destacará mais de um fantasma do passado, cuja vida foi soprada por um governo que teve medo do futuro. Quando a

---

[2] A queda da popularidade do presidente José Sarney passa a coincidir com o agravamento da crise econômica vigente.

[3] Referência a uma lenda romanesca. A oposição refere-se, na literatura, às imagens de uma das colinas de Roma a ser tomada na época pelos sabinos e o lugar que se tornou referente aos criminosos onde Tarpeia, a traidora da cidadela, foi morta. Na interpretação contextualizada de Faoro, a menção figura-se na extremidade "tudo" e "nada".

esperteza dos políticos hipnotizados pelos cargos se revelar em toda a sua tolice, esperemos que não seja tarde para buscar o ritmo da uma, ladeado pelo eleitoralismo de ocasião. Depois, antes da Rocha Tarpeia, há um conchavo, o de sempre, entre elites em pânico. Com farda ou sem farda, nos quartéis ou no Congresso?

A coligação dominante

30/10/1985

> Há, sobretudo onde a democracia é fictícia, a paródia da
> alternância do poder, a alternância na falsa alternativa.

O professor Key, de Harvard, lançou no início da década de 1940, a tese de
que, no sistema presidencial, prevalece, nas eleições e no quadro de poder,
uma coligação, de duração variável. A regra indica que o período dominante
dura dois períodos presidenciais — oito anos. A anormalidade seria o mandato único, hipótese confirmada nos raros precedentes e, modernamente,
por Carter. Noutro extremo, também atipicamente, existiria o espaço maior,
então constitucionalmente permitido, com as três vitórias de Roosevelt.
Dentro da sociedade política, na qual os partidos são unicamente a ponta
visível, articulam-se interesses e correntes que executam um programa,
transitório, exaurindo-se com o governo eleito.

A validade, senão da tese, pelo menos da hipótese, é indiscutível, com a
explicação da fragilidade ou da força das situações, criadas eleitoralmente,
ou eleitoralmente validáveis. Um aspecto, entretanto, ficou fora da análise
do cientista político, seduzido e limitado pelo sistema abertamente compe-
titivo. Há, sobretudo onde a democracia é fictícia, a paródia da alternância
do poder, a alternância na falsa alternativa. O espectro anterior não se altera,
senão no grupo dirigente e na semântica, restrita a luta partidária aos temas
secundários, num acordo sobre o que importa — a permanência das rédeas
nas mãos de um estamento.

Por exemplo, com a eleição indireta, em março, sustentou-se que emer-
giria, não obstante a precariedade do meio, o poder civil. Na realidade, o

chefe do governo seria civil, mas, agravado o fato com a inesperada sucessão, civil não é o governo. Entre a titularidade e o mecanismo constitucional permaneceu um fosso, nunca transposto, senão na roupa paisana. Concedamos, para argumentar, que as questões pertinentes à reforma agrária e às recentes greves não envolveram o SNI, nem o ministro-chefe da Casa Militar. Será impossível admitir, entretanto, que a restrição à anistia, votada na Comissão Mista, não teve o dedo militar. Não custa ponderar que a matéria é pertinente às Forças Armadas, que receberiam de volta o contingente dos cassados. Entre o ato de opinar, admissível, e o ato de decidir, há um abismo. As Forças Armadas, pelos seus ministros, não apenas opinaram, mas decidiram, isto é, ocuparam, inegavelmente, o espaço do poder civil, a ele substituindo, em nível de Congresso e de Presidência da República. A anistia de 1979 obedeceu a esse esquema, por isso foi restrita, avarenta e tímida. O ministro Petrônio Portella dizia, então, que não podia ir além da vênia dos quartéis. A época, terão de reconhecer os que dizem que nova é a República, é, hoje, outra. Se é outra, por que permanecem os mesmos impedimentos e os mesmos vetos? Ontem, os vetos eram confessados, hoje, embora persistentes, são negados.

O episódio trai a natureza da coligação, expressa no fato maior: a redução da Constituinte a uma secreção do Congresso, sepultada a ideia da deliberação autônoma, soberana e incondicionada. No acordo travado entre o PMDB, o PFL e o PDS, revela-se que a coligação se ampliou, sem mudar a essência. De um lado, o poder dominante não é civil; de outro, os atores se unem na cruzada heroica de prolongar o principado, vedando, pelo domínio de suas máquinas, o protesto e a vontade das bases eleitorais. Ampliou-se o condomínio, com os naturais ciúmes na posse das glebas privativas, mantido o sistema, com a incorporação de novos atores e o arquivamento de outros, para que tudo igual continue.

O tempo constituinte

17/02/1987

> O momento constituinte, tal como no "noturno" do pintor,
> ultrapassa o presente, nutre-se do passado e não cessa depois
> de lançada a obra no documento.

Pouca gente lembrará, ainda que participe da tribo dos pintores, o nome
de Whistler, James Abbott McNeill Whistler. A *Enciclopédia Britânica*,
apesar do ingrato esquecimento, dedica-lhe duas colunas consagradoras.
Perguntado acerca do tempo consumido na elaboração de um de seus
"noturnos", respondeu: "Toda minha vida." Borges, ao narrar o dito,
acrescenta: "Com igual rigor poderia haver dito que utilizou todos os
séculos que o precederam ao momento da tela. Dessa correta aplicação da
lei da causalidade segue-se que o mais insignificante dos fatos pressupõe
o inconcebível universo e, inversamente, que o universo necessita mesmo
do menor dos fatos." O tempo — é o que diz a alusão, envolvida numa
alegoria — está na obra, sem nela se esgotar, concretizado nos séculos
anteriores e nos dias que a sucedem.[1]

O momento constituinte, tal como no "noturno" do pintor, ultrapassa
o presente, nutre-se do passado e não cessa depois de lançada a obra no

---

[1] As referências à temporalidade histórica na política, de certo modo, atravessam e constituem toda a obra de Faoro. Nessa perspectiva, o autor procurou desvincular as suas reflexões
às determinações estritas presentes na lógica do marco histórico para, então, promover
interpretações na ciência política que valorizassem a longa duração. Foi a partir dessa
tendência que Faoro procurou desenvolver a sua tese sobre "os donos do poder", na qual
procurou perceber as diversas insistências das relações pessoais de dominação na história
social e política brasileira.

documento. Não só o tempo, mas também o espaço — como geografia e como história — frequentam a imaginação do representante do povo, ainda que ele nada perceba e nada verbalize. Um retalho do espaço entrou na vida política na semana passada. As Filipinas aprovaram sua Constituição, por larga e consistente maioria popular. Nela se riscou — num regime protegido pelas Forças Armadas, ainda persistente esse lastro — que o Exército, a Marinha e a Aeronáutica têm, como exclusivo fim, assegurar a "soberania do Estado e a integridade do território". A garantia da ordem interna saiu de sua órbita, entregue à polícia, subordinada à autoridade civil, desarmando um dos condutos que levam aos golpes, congeniais a uma herança ibérica. Seguiram, neste passo, a Constituição espanhola de 1978, que distinguiu e separou as Forças Armadas (art. 8) dos corpos e forças de segurança (art. 104). Baniu-se, para entregá-lo ao perpétuo esquecimento, o estatuto franquista, que incluía a polícia entre as Forças Armadas.

A resposta de Whistler, com o adendo de Borges, tem seu lugar, nesta sequência de tempo e na coexistência do espaço. No absolutismo, a polícia é o exército, o exército é a polícia. No Estado liberal e no Estado social e democrático, a perspectiva é outra, com longínquos e constantes antecedentes. Sem mencionar a Declaração dos Direitos do Homem e do Cidadão de 1791 (art. 12), os fatos se produziram de modo mais concreto e mais consistente. A data-base é 1780, no cenário inglês. O exército interveio para sufocar diversos motins populares. Lorde Mansfield, jurista e também líder conservador, sustentou a tese — depois consagrada na jurisprudência inglesa e americana — de que os militares compareceram às ruas numa missão civil, diferente da prevista em tempo de guerra, e, portanto, responderiam pelos abusos, bem como os agressores, perante as cortes civis. Robert Peei, em 1829, organiza, dentro de tais princípios, a polícia metropolitana, inteiramente sujeita à administração ordinária. Curioso é que — acentua um constitucionalista espanhol — o chefe do governo, na ocasião, fosse o duque de Wellington, o militar que afrontou Napoleão em Waterloo. Não se trata, portanto, de nenhum inimigo das Forças Armadas, mas de um militar que prezava de tal sorte a instituição, não querendo que ela se imiscuísse, nem se instrumentalizasse em assuntos de ordem interna.

A doutrina Mansfield tornou-se um dogma constitucional, filho de toda uma vida, que sobreviveu e antecedeu ao ministro do Interior de Wellington, que, ensinado pelo militarismo do Continente, soube dominá-lo em seu país, em inspiração superior à batalha final contra o corso.

Na véspera do carnaval

24/02/1987

> O vácuo da legitimidade produz o vácuo do poder, o vácuo
> que se criou com a mudança artificial, que saiu do nada e
> leva a lugar nenhum.

Esta crise, a de agora, não repete a de 1986. Ela é a mesma, com o intervalo de uma pele, que durou menos de um inverno. O governo passado a gerou e a administrou, no remate de um cuidadoso e lucrativo período de concentração de renda e de exclusão política. A chamada transição não a gerou e não a administrou: maquilou-a na fantasmagoria de uma efêmera mágica. Os ingênuos curandeiros acreditaram, ao contrário dos charlatães mais hábeis, nas fórmulas de sua ingênua farmácia. Depois de um remédio, com uma temporada de euforia, a febre retorna. Voltou agora e, depois do próximo pacote, voltará de novo. Ninguém ignora a trivial profecia, embora haja quem a esconda e quem, por amor ao remunerado ofício, a esconda.

Todos sabem que, de surto em surto, virá o impasse, exigindo rota nova na cansada navegação. O vácuo da legitimidade produz o vácuo do poder, o vácuo que se criou com a mudança artificial, que saiu do nada e leva a lugar nenhum. No momento, duas instâncias disputam, ainda que na sombra e sem fisionomia visível, a condução dos acontecimentos. Um dos polos está no Palácio do Planalto, povoado com as recordações de muitos "milagres" e escondidos malogros. O outro porto eventual reside no Congresso, verbalmente convertido em Assembleia Nacional Constituinte. O confronto, algodoado pela hipocrisia e pelas palavras suaves, embora embebidas em ferocidade, tornou-se inevitável e necessário. De um lado, o chefe do governo já usou de todas suas cartas — a cooptação, a liderança imposta sobre os congressistas, o aliciamento dos governadores. Sobra-lhe na manga um trunfo, que mostra e esconde: o apoio, noutra etapa, do naipe de espadas. Filho do passado recente, ao passado recente tributa sua fidelidade. Os empresários, os agricultores, os operários já demonstraram que não o amam e não o querem. São os "anarquistas", os "inimigos" da ordem. Sobram-lhe os banqueiros, refeitos de uma dieta branda.

O Congresso Constituinte, no outro lado da praça, ofereceu seus préstimos, os únicos possíveis a um desate democrático, para romper a perplexidade. Ao afirmar a soberania, haveria uma porta disponível, na urgente cidade política, para instaurar a legitimidade e organizar o poder. A solução está sendo barrada como "desestabilizadora", no enganoso pressuposto de que há, no momento, estabilidade. Teme o chefe do governo que, na hora da extrema turbulência, se convoquem eleições presidenciais, para estruturar diverso esquema político, com o sacrifício dos suspirados seis anos de mandato. Insiste, por isso, em manter a dualidade de comandos jurídicos, o da Carta de 1967 e o *in fieri*, com a firme opção pela primeira. A supremacia constituinte é, dessa forma, uma promessa, não uma realidade.

Não se apontou, no confronto, sequer para o compromisso, recurso comum na política, quando a política não é a ditadura mascarada. Em nenhum momento se acenou para, embora conservando provisoriamente o Estatuto Militar em vigor, admitir a sua reforma pela maioria absoluta, reduzindo a exigência do *quorum de dois terços*. A proposta, se fosse lançada, preservaria a fatia do Senado, com sua cobiça de arbitrar e mandar. É claro que os discípulos de Carl Schmitt lembrariam a teoria das irreformalidades implícitas, além das explícitas proibições de tocar na república e na federação. A objeção esqueceria a própria origem, escrita no documento de 1967, a sua versão original (art. 1), alterado pela outorga de 1969, com a chancela dos ministros militares, arvorados em Junta de Governo.

O carnaval continua

10/03/1987

O espetáculo recobre-se com o luxo, um subproduto da riqueza, em paródia cultural inconsciente. A festa carnavalesca retrata a superioridade dominante, se ela fosse povo — como ela entende que é o povo.

O clássico Bakhtin viu no carnaval um período durante o qual se suspendem as leis, as interdições e restrições sociais. As situações hierárquicas — as das camadas sociais, das idades e das fortunas — cedem o espaço a uma conduta excêntrica. A *alegre relatividade* expande sua verdade, ambiguamente contígua à verdade oficial. Os poderes subalternos têm, ainda que de mentira, seu dia e sua hora, com a praça pública, a praça comum e participativa, por cenário.[1]

Esse é o carnaval histórico, consagrado na Idade Média. Nosso carnaval é, guardada a origem e tropicalizada a expressão, fenômeno de outra densidade cultural. Durante três dias — somados aos dias de preparação e

---

[1] Mikhail Mikhailovich Bakhtin (1895–1975) foi um filósofo russo que, entre outras contribuições, desenvolveu uma original teoria da cultura cômica popular na Idade Média e no Renascimento. Para Bakhtin, o carnaval se constituía como princípio organizado de compreensão de mundo, a partir de manifestações culturais da Idade Média e do Renascimento. Tal princípio, segundo o filósofo, revogaria todo um sistema normativo fundamentado na desigualdade entre os homens. O que ele designa como "carnavalização" opor-se-ia, então, à discriminação, à sujeição formal, enfim, aos modos dogmáticos presentes nos efeitos da hierarquização. No tempo, essas manifestações compreendidas no carnaval passaram a integrar formas e conteúdos presentes em narrativas e expressões literárias. Para aprofundamento, ver BAKHTIN, M. M. *A cultura popular na Idade Média e no Renascimento: o contexto de François Rabelais.* São Paulo: Hucitec, 1999.

de repouso — não é o oficialismo que se afasta do cenário. O oficialismo, encarnando-se no samba e no desfile, muda de patamar: ele não desaparece, mas se populariza. Festa que deveria ser popular, numa reação excêntrica contra o sistema dominante, congela-se em festa oficial de segundo grau. Os mitos dominantes, ou melhor, os mitos que o mundo dominante cria para o consumo dos dominados, descem às ruas, em linguagem simplificada, no gesto ritual das convenções estilizadas. Todos os valores tradicionais, desde o indianismo até à "democracia racial", se vertem em blocos e escolas, sem irreverência, com nenhum senso de *excentricidade*. O espetáculo recobre-se com o luxo, um subproduto da riqueza, em paródia cultural inconsciente. A festa carnavalesca retrata a superioridade dominante, se ela fosse povo — como ela entende que é o povo.

Com o sal da rabugice, dir-se-ia que o quadro é apenas a superfície de um universo mais amplo. O carnaval, criação da aurora da civilização, supôs um reino de autonomia criativa, ainda que restrito a alguns dias, efemeramente. O nosso parte, não de um território que emerge, mas de uma paródia do continente quotidiano. Não haverá, no que se entendeu peculiaridade carioca, um sintoma de vida mais profunda? Vez ou outra, tudo se carnavaliza — não no sentido autêntico, mas na medida nacional —, na imprensa, no Congresso, nos inflamados discursos oficiais. Os dirigentes saem de sua modesta obscuridade para falar ao povo: não ao povo, senão ao povo que eles seriam se fossem povo. No trajeto dessa operação mental desclassifica-se a inteligência dos destinatários da palavra. Uma incapacidade de pagar as contas se apresenta, por exemplo, como ato de coragem, à beira do heroísmo. Na realidade, há coragem no gesto: a coragem de ocupar a televisão, em cadeia nacional, para, nas entrelinhas, passar um atestado nacional de idiotia.

Há o carnaval das ruas e o carnaval dos bailes fechados. Da natureza dos últimos é o esforço presidencial de frear a soberania da Constituinte. A conduta é excêntrica, tal como no carnaval, mas com a excentricidade às avessas. O dominante impinge ao dominado a tese de que quer governar sem nada mudar, infundindo a crença que está em plena mudança, numa carnavalesca *transição*. Houvesse o predomínio da constituição do rei, em 1789 —, admitindo-se que só após o encerramento do debate constitucional as reformas sociais seriam feitas, teria sido possível, numa noite de agosto,

A REPÚBLICA EM TRANSIÇÃO

suprimir o feudalismo? Entre a decisão e a eficácia não se interporia uma revolta, fatalmente vitoriosa? Certo, há o precedente. Em 1946, fez-se uma Constituição dentro da vigência de outra, a de 1937. O precedente aí está: em 1946 nada se mudou, no que concerne à ordem econômico-social. O que antes foi o oficialismo, será agora, nos dias de Momo, a paródia, com samba e tamborins.

Um agosto adiado

11/08/1987

> Entramos, por uma vereda inesperada, em novo gênero literário, a *mitopeia*. Manipula-se o passado e manipula-se o presente para enganar o futuro. De tudo resulta o mito: o mito da soberania constituinte, o mito da verdadeira representação.

Agosto é o mês da tentação das profecias. Desde a noite de São Bartolomeu, num dia 24 de agosto, a superstição ganhou a prova provada. A lembrança recente registra duas quedas em agosto: uma tragédia e uma farsa, como sempre. Essa arte que, refugiando-se no equívoco, pode tudo, consiste, segundo um dicionário, na venda da credibilidade para entrega futura. Um contrato a não termo, corrente na bolsa política e em outras bolsas. No nosso caso, a profecia procura a entrada no futuro, calçada no passado.

Na verdade, ultrapassamos muitos agostos, agostos sem nenhuma significação, que deveriam, se lógicos, fulminar desgraças na terra e no ar. Há os falsos agostos, os agostos infiéis aos fatos. Nos primeiros dias do mês, não sabemos se o agosto que está pela frente é de ouro ou folheado a ouro, iguais como são, vistos pelo lado do calendário. Agosto é, todavia, sempre agosto: convém esperar tudo, desconfiando que nada aconteça. Há, contra as predições, a conspiração das circunstâncias, que, mascaradas de instabilidade, são estabilizadoras. Uma delas, a que está na ordem do dia, é o funcionamento do Congresso Constituinte. Por que se dariam os fatos ao trabalho de se precipitar, uma vez que há, de plantão, um agente que tudo pode e tudo promete? Mudar as instituições e os homens, por quê? Os nossos homens de Brasília, por meios mais prosaicos e menos espetaculares, farão o que o acaso faria, com maior trabalho e com maior impacto. Os dois elementos da equação são a credibilidade do profeta e a entrega futura. Tantas e tamanhas são as artes dos vaticinadores que ocorreria o caso de ninguém acreditar neles — de não mais acreditar. É irrelevante, diante da hipótese, que os fatos queiram jurar em favor da predição. Desmente-se, no caso, a distinção entre o falso e o verdadeiro profeta, proposta pelo padre Vieira. A profecia verdadeira seria a que se cumpre, falsa a que não entrega a mercadoria prometida. Estamos diante de outro tipo de mistificação: a profecia se cumpre, mas a profecia é falsa.

Entramos, por uma vereda inesperada, em novo gênero literário, a *mitopeia*. Manipula-se o passado e manipula-se o presente para enganar o futuro. De tudo resulta o mito: o mito da soberania constituinte, o mito da verdadeira representação. Todos veem que há, visíveis e gritantes, as sombras que negam, no representante do povo, o povo, na soberania constituinte, o soberano que se enreda no clientelismo. A mitopeia forma, como previa o sempre citado padre Vieira, uma mentira com duas verdades. O processo é o mesmo da quimera. "Quimera, ensinava o indignado pregador, é um animal fingido, composto de dois animais verdadeiros: um monstro meio homem e meio cavalo é quimera; um monstro meio leão e meio peixe é quimera; mas não há tais monstros e tais quimeras no mundo. De maneira que as metades são verdades, os todos ou monstros que delas se compõem são fingidos."

Da profecia chega-se à *mitopeia*. Uma engana, a outra mente, ambas confundem. Sobra de todas as interrogações, persistente e ameaçadora, a sucessão dos dias de agosto. Em lugar dos profetas, os "constituintes", os deputados e senadores que, no parto constituinte, cuidam de seu abrigo congressual, desviados da origem do seu mandato. Em lugar dos fatos, os fatos criados para negá-los, na promessa de acontecimentos incertos e promissores, que, como na profecia, ocorrem pela via mágica, alimentando a quimera, um monstro composto, na verdade, de duas mentiras.

Parte IV

Democracia, ficção e a "retórica do destino"
(1986–1988)

E a "transição", que fim levou?

08/04/1986

> Não foi fundada a Nova República, e, inexistente como mudança e como reforma, ela se consolida sobre o que não se fez.

Alguém ainda se lembra da "transição"? Os sociólogos de plantão, os políticos mais acatados da praça, montados em robustos exemplos de outros países, venderam a tese de que, entre o regime dos generais-presidentes e o regime democrático e constitucional, mediaria um espaço semelhante ao que existiu entre o Mar Vermelho e a Terra Prometida. Na travessia desmontar-se-ia a fortaleza do passado, com a remoção do "entulho autoritário", à sombra do monte Sinai. O governo Tancredo–Sarney seria o elo entre os dois tempos, nada mais do que o elo. Volvido um ano, onde estamos? A "transição" tornou-se palavra imprestável, o "entulho", depois das comissões que o revolveram, continua onde estava. A "transição" não se fez, mas os políticos transitaram lepidamente, saltando cercas e muros, reescrevendo a biografia, manchada por alguns maus passos, os passos eleitoralmente improdutivos. Em lugar do projeto, fez-se o *pacote*, cuja importância não se quer subestimar, e, por essa via, decretou-se que o país era outro, novo e iluminado.

"'Que terra mais vagarosa!', comentou a Rainha do País dos Espelhos. 'Pois aqui tem de se correr o mais depressa que se puder, quando se quer ficar no mesmo lugar.'" Não foi fundada a Nova República, e, inexistente como mudança e como reforma, ela se consolida sobre o que não se fez. Esta é a obra do sr. Sarney, alçado ao prêmio de funcionário do destino, diligente e pontual. Os tijolos da obra são feitos na velha cerâmica, com o acréscimo de alguma argila diferente. O instrumento de que se serve o construtor é o de sempre, o decreto-lei. Conceda-se que o meio é juridicamente neutro, previsto em constituições democráticas. Admitamos, não sem reservas, que não se faz reforma monetária sem o segredo, para arredar os especuladores. Espanta, não obstante todas as condescendências, que se invoque a *segurança nacional*, como fundamento de poderes extraordinários do chefe do governo. Talvez, com base em lei de 1964 (CMN), as prescrições monetárias — as meramente monetárias — pudessem ser feitas pelo Poder Executivo, como se fez algumas vezes, inclusive quando vigente a Constituição de 1946. Surpreende, nessa temporada que se diz singular, que sustente um jurista demissível *ad nutum*, de nível médio e temerário voo, com base em citações da Carta da ONU, a prestância da elástica e ressuscitada segurança nacional, com fundamento do decreto-lei.

O argumento vale uma promoção burocrática, pelo esforço contra a evidência: o decreto-lei, escreveu, legisla sobre finanças e segurança nacional, em cujos conceitos cabe quase tudo. De uma penada, elimina-se todo o território da lei e, com ele, o Congresso Nacional.

A *consolidação* assenta sobre outros pilares, promissores e robustos. A censura, cujo sepultamento se consumou em enterro público, renasceu, não pela mão do atual ministro da Justiça,[1] como se quis dizer, ironizando seu chapéu, mas com a aquiescência de seu antecessor, que, apesar da soalheira de Caruaru, não o usava. Para coroar o deslocamento dos fatores, os industriais dispensam intermediários e vão às urnas. Desencadearam um conflito, até aqui obscurecido pelo Estado financeiro-militar, entre positivamente e negativamente privilegiados, os donos e os que trabalham nas fábricas. Politizaram o dissídio social, confundindo-o ao poder econômico. Espera-se que, diante do confronto de classes, se o combate se radicalizar, não chamem a polícia, como em 1964. O jogo não ficará nas cartas marcadas, jogo imprudentemente aberto na cúpula, para substituir a base, que só aceitará o desafio em defesa legítima, para que a trapaça não anule a cidadania.

---

[1] Tratava-se de Paulo Brossard (1924–2015), jurista que atuou como deputado federal e senador pelo Rio Grande do Sul e como ministro da Justiça e ministro do Supremo Tribunal Federal.

Ser ou não ser eleitor

03/06/1986

> Democracia não se faz apenas com o voto: faz-se com o voto e com formas de participação que, desvirtuável o voto, corrigem o substituto verbal que está no lugar da realidade.

O desembargador Fonseca Passos, do Tribunal Regional Eleitoral do Rio de Janeiro, juiz de Direito e de fato, alvoroçou os ânimos, despertando involuntária polêmica. Declarou, em estilo discreto, em tom mais doutrinário do que político, que não via a necessidade de consagrar a obrigatoriedade do voto. Não chegou a haver, no céu carioca, uma longa tempestade, na excelente matéria jornalística veiculada pelo *Jornal do Brasil*. A direita e a esquerda contestaram a afirmação: a esquerda com argumentos da direita, a direita em nome da democracia. A esquerda — ou, para ser mais exato, alguém em nome da esquerda — brandiu o tacape escondido no eufemismo: tudo estaria bem se o povo estivesse preparado para votar sem compulsão. Os herdeiros do autoritarismo derramaram lágrimas prévias pelo abandono eventual do debate popular.

Votar, comparecer à eleição é necessário à constituição do sistema representativo, mas não é suficiente. O povo inglês, escreveu Rousseau no século XVIII, utiliza a liberdade de quatro em quatro anos. No intervalo, ela adormeceria. As coisas, na realidade, não são bem assim, salvo se a democracia só é democracia, se direta. A passagem famosa, criticada e injuriada, serve para que se reflita acerca da participação popular, que simplisticamente não é redutível à eleição, nem se identifica à posse do título eleitoral. Esse modelo participatório não é específico das democracias: lembre-se, sem esquecer os votos unânimes, o plebiscito de Pinochet. O voto obrigatório, na moldura autocrática, serve de fachada para mascarar a legitimidade ausente. O oficialismo e, à sua ilharga, grupos que comandam a comunicação social e as rédeas de muitas docilidades fabricam partidos, dominados por grupelhos, forçando opções previamente traçadas e cimentadas. Democracia não se faz apenas com o voto: faz-se com o voto e com formas de participação que, desvirtuável o voto, corrigem o substituto verbal que está no lugar da realidade. As elites, as que vicejam numa sociedade estamental, são mestras em artifícios, florescendo sobre a árvore podre, na experiência que vem de longe, depois do Código Eleitoral de 1932, rasgado muitas vezes na pureza de suas inspirações.

Citei Rousseau, cuja pena abalou o *Ancien Régime,* levantando sobre o absolutismo a soberania popular, ainda não consolidada e nem em toda parte respeitada. Contra o artificialismo e o jogo da máquina política propunha ele um pacto de associação capaz de vencer a dominação e de dobrar as vontades particulares, enquistadas nos grupos que abrigam a riqueza e a força. Uma frase polêmica resumiu seu pensamento, que até hoje perturba os leitores e atormenta os intérpretes. Os homens — disse ele —, sob o império da vontade geral, devem ser forçados a ser livres. O que está aí escrito, para espanto de muitas gerações, é que os cidadãos devem ser libertados de todas as dependências dos particulares, cujo poder se condensa em desigualdades econômicas e sociais. Para chegar tão longe, na verdade o limiar de uma sociedade democrática, o voto não é tudo. Ele mobiliza os "gladiadores" e os "espectadores", os dois núcleos que ativam a política, mas não sensibiliza os "apáticos", os apáticos intencionalmente marginalizados e os apáticos que se recusam a ser os otários do sistema oligárquico. O voto está, para que seja o componente necessário e suficiente da vida pública, dentro de uma estrutura que lhe garante a validade, a eficácia e a influência, nas eleições.

A parte do leão

19/08/1986

Foi no que deu a "transição", espécie de trampolim armado no governo, para acomodar os descontentes das antessalas ministeriais.

Nada mais claro, neste travesti republicano, do que a corrosão dos partidos. Um, no governo, incorporou o mobiliário de todos os governos. Outro pulou do navio enquanto era tempo. O trânsito continua por outras vias: no aluguel de candidatos e na cristianização ostensiva. Por trás da dança indecente e folclórica há alguma coisa de mais consistente do que o personalismo. Os partidos — os grandes e os remanescentes da resistência ditatorial — esvaziaram-se antes de se corromper. Os grupos, as classes, os interesses romperam com o quadro partidário, na aliança até então existente. Atuam, em certas circunstâncias, pela via direta, dispensando a intermediação política, e, em outras circunstâncias, utilizam os partidos de manhã e os descartam à noite.

O dissídio social, que se legitima na vida política e nesse território acerta o consenso, como consequência das carências institucionais, se expande diretamente. Os fazendeiros, de um lado, armam-se contra os posseiros, os posseiros defendem-se da violência com a violência. Os industriais, sem se integrarem no jogo geral de forças, captam os gabinetes ministeriais, na defesa de seus favores. Os operários, sem nenhum apoio no governo, recolhem-se, para vencer o isolamento, aos sindicatos, desamparados de arrimo político. Setores da sociedade assumem a vanguarda das reivindicações daqueles que não têm voz, com todas as deficiências das vanguardas, entre eles o visionarismo na avaliação de meios e forças.

Foi no que deu a "transição", espécie de trampolim armado no governo, para acomodar os descontentes das antessalas ministeriais. Não sofreram apenas os partidos com a esperteza das elites, as saciadas e as famélicas. O Estado foi, como direto reflexo, abalado na sua estrutura. De ponto de encontro de todas as correntes e tendências, como democraticamente deveria ser, consolida-se em substituição, dia a dia, a máquina de domínio. A fórmula para dissimular o impasse está à vista, na retórica presidencial: o providencialismo recoberto no apelo do "destino". Essa nota, insistente na oratória planaltina, não é, como se supõe, um devaneio beletrístico, vivo na inspirada palavra do poeta maranhense. Pela via do maravilhoso, do cinderelo que, de um dia para outro, com espanto de todos e, sobretudo, com surpresa própria, pilhou-se na magistratura suprema, cuida de tecer o perfil do carisma. Um césar da taba tupi está atento, sagazmente, ao papel de equilíbrio dentro do impasse catastrófico.

A falência dos partidos, da qual se aproveita o chefe do governo, casa-se a um perturbador anacronismo. Desprestigiados pela opinião pública, convertidos em máscaras de forças transitórias, os partidos servem-se do que foram, para bloquear a ascensão dos setores emergentes. Encastelados no Congresso Nacional, mais na dimensão das combinações entre pares do que pelo voto, ocuparam o espaço da propaganda política na televisão. Entendem, fiéis à sua origem, que o povo é, nada mais, do que a massa de manobra de suas espertezas. Com o monopólio da voz e da imagem, tentam lotear a opinião pública, que jamais saberia de alternativas existentes fora de seu círculo oligárquico. O resultado que ambicionam será o de transformar as máquinas partidárias em múmias, para cujo espetáculo não faltam sequer as múmias de verdade. O golpe pode, eventualmente, falhar: em lugar da farsa carismática, montada sobre o "destino", pode — talvez, quem sabe — entrar em cena a comunidade, o grupo básico, do contato homem a homem, que desacredite também, no incêndio geral, os meios de comunicação.

A classe e a consciência de classe

30/09/1986

O voto não é uma substância pura, mas um precipitado de muitos equívocos.

"A democracia do proletariado", este o título da reportagem de Antônio Carlos Prado e Nelson Letaif, escrita para o número anterior desta revista. Trata-se de um instantâneo, composto de inteligência e acuidade, das opiniões políticas do operário paulista. O dado surpreendente está, apesar dos altos índices de preferências pelo candidato do PT, nas intenções de voto manifestadas em favor dos dois patrões, Ermírio e Maluf.[1] À primeira vista, as informações poderiam levar à persuasão de que o trabalhador vive *numa situação* de classe, mas carece de *consciência* de classe. A observação não espantaria o histórico barbudo, que muito se demorou sobre o fenômeno, num livro intitulado *A miséria da filosofia*. Em trabalho editado em 1961, o cientista político V. O. Key Jr. ressaltou que, num inquérito de opinião pública realizado anos antes, a imensa maioria — em torno de 65,8% — viu-se na categoria da classe média, sem ponderar a situação objetiva. Registrou ainda que, na escala ocupacional que vai do profissional liberal ao trabalhador não qualificado, alarga-se na mesma rota descendente a tolerância à atitude autoritária.

---

[1] O texto foi escrito no contexto de realização de campanhas eleitorais nas eleições estaduais em São Paulo. No pleito para o governo do estado estavam Orestes Quércia (PMDB), Antônio Ermírio de Moraes (PTB), Paulo Maluf (PDS), Eduardo Suplicy (PT) e Teotônio Simões (PH). Orestes Quércia foi eleito e o seu governo foi, entre outras referências, conhecido por ter gestado o PSDB a partir de um contexto de dissidências. Essa mesma eleição elegeu para senadores Mário Covas e Fernando Henrique Cardoso, ambos pelo PMDB.

As informações — na aparência, apenas na aparência — atestam a emergência da liderança empresarial, à margem dos partidos, nesta temporada política. O desencanto teria criado um quadro cruamente social, alimentado pelo mito do patrão provedor de empregos, em dimensão não política. A ideologia capitalista teria triunfado, esmagando a crítica que lhe denunciou o caráter predatório, o do chamado "capitalismo selvagem". A interpretação, que encantaria os áulicos e favorecidos da República nova, não passa de tola falácia. Falácia tão tola quanto aquela que, nas asas de um adjetivo, administra o velho com o novo esmalte. Há mais coisas na terra do que sonha essa vã filosofia.

O otário não vota no patrão porque esteja seduzido com a tese do patrão que dá empregos. A verdade está mais próxima das palavras de Lula, registradas na reportagem, do que na ilusão empresarial, tanto mais viva quanto mais recente o empresário. O voto ao patrão é o voto da miséria, a miséria que, pela submissão, rouba a consciência. Foi o que viu Key, insuspeito de marxismo, ao denunciar a inclinação autoritária do operário não qualificado e do operário eventual, o que convive com o desemprego. O espectro da miséria e do desemprego tece a desfibradora resignação: o trabalhador que chegou do campo e apressadamente fez seu aprendizado profissional, de outro lado, ainda que se qualifique rapidamente, não se despediu das ilusões da classe média, à qual supõe pertencer, no território em que todos os gatos são pardos. O contingente tem outro corpo: o da resignação sonhadora, a que, embalada pelo narcótico das ilusões, se deslumbra com a hipótese de ser o patrão do futuro.

Não se suponha que a reportagem a que aludi retrate um painel estável, tão estável que dure até o próximo 15 de novembro. Entre a voz e a urna há um muro. Não quero dizer que a campanha eleitoral, morna como se desenvolve, dê a cada um a consciência de seus interesses. O voto não é uma substância pura, mas um precipitado de muitos equívocos. Os equívocos, entretanto, serão menores na hora da verdade do que na hora das declarações. Essa é a diferença que existe entre os ibopes e as mãos que votam. Até lá, as aves que ora gorjeiam perderão a garganta e a crista, no acerto de contas de muitas frustrações e muitas imposturas. Se não agora, na outra eleição — sempre pela eleição.

Os "coronéis" e o dinheiro

28/10/1986

> A incongruência está em corporativizar a política, fazendo da tribuna, a pequena ou a grande, uma extensão dos cabedais investidos na empresa.

Os "coronéis" entraram em irreversível ocaso depois de 1945. Esta a tese, com abono de muitos estudiosos, de Eul-Soo Pang, num livro que não recebeu as atenções devidas à seriedade da pesquisa, livro publicado no Brasil, em 1975, com o título *Coronelismo e oligarquias: 1889–1943*. Lá se conta a história, pioneiramente aberta por Victor Nunes Leal, dos donos dos votos, no tempo em que o voto era secreto para o eleitor, só para o eleitor. O mundo político girava em torno do favor e da proteção, respaldada pelo chefe estadual, em geral a soma dos coronéis, salvo quando o poder central intervinha para recompor a máquina.

Na temporada de 1946–1964, em pleno império liberal-liberal, mas não democrático, os "coronéis", acossados pela urbanização já crescente e pela monetarização da economia, continuaram, sobretudo no Nordeste, anacronicamente, senhores das arapucas de ganhar eleições. Uma operação vitoriosa — vitoriosa e inovadora — reuniu os empresários, aliados à cidade, contra a velharia teimosamente agarrada ao poder. A façanha aconteceu em Pernambuco, na eleição do sr. Cid Sampaio, se a memória não me trai. No turno seguinte, rompida a passividade, chegou a vez das forças urbanas, vinculadas aos deserdados do interior, de prosseguir a marcha libertadora. Depois veio 1964 e, com a data, o congelamento do processo político, nos governadores nomeados e nas eleições feitas de cima para baixo. A lição ficou e se repete agora no Ceará, parece que com o mesmo êxito, embora não se possa prever igual desdobramento.

Pernambuco, sempre a vanguarda do Nordeste, e o Ceará, este com retardamento, realizaram sua "revolução", com todas as aspas irônicas cabíveis para mudança entre grupos dominantes. Querer repetir o feito em São Paulo será percorrer a história pela contramão. São Paulo é um pedaço moderno deste continente heterogêneo, num mosaico caleidoscópico. Os empresários, como empresários e não como políticos, nada têm a fazer nessa paisagem. Sua intervenção, que foi progressista em Pernambuco e no Ceará, exibe aqui o lado feio da política: o dinheiro pelo dinheiro, num coronelismo novo, o coronelismo dourado e corruptor. Eles abandonam sua função de mecenato, para ocupar o palco, despreparados para o papel, em linguagem ininteligível ao povo. Eles, candidatos a governadores, candidatos a deputados, nada têm a dizer, senão a repetição do cansado mito de que doam empregos, como filantropos da indústria, do comércio e dos bancos. Não conquistam, como pretendem, uma tribuna na defesa de seus interesses, mas um posto por todos suspeito. Eleitos, sempre que falarem em favor do interesse público, a pequena e mesquinha bandeira da sua quitanda arderá nos olhos dos expectadores.

Não se quer dizer que o empresário, pelo fato de ser empresário, esteja inabilitado para a política, seja qual for o cargo em disputa. Ele não se desiguala do profissional liberal, do operário, do camponês, nem sequer do político profissional. A incongruência está em corporativizar a política, fazendo da tribuna, a pequena ou a grande, uma extensão dos cabedais investidos na empresa. Aí ele frui, pelo poder da pecúnia, de um privilégio negado aos outros profissionais, os que não acumulam gordas contas, nem opulentas carteiras de ações. O privilégio não é tudo. Pior do que o privilégio é a monetização das campanhas, convertidas em manipulação, a transparente manipulação concentrada no "abafa" dos meios de comunicação. Esse o lado monstruoso, sem a atenuante de que não se está em luta contra um passado, que é também um pesadelo.

Corrupção e manipulação

04/11/1986

> Ora direis, contra o poder econômico há a utopia. Essa utopia não está em lugar nenhum, mas funciona, com múltiplas variações, no mundo contemporâneo.

Singular é o dito de Rousseau: não é possível corromper o povo, mas pode-se enganá-lo. Fosse corruptível o eleitorado, no seu conjunto, a cidadania não seria exercida. O dinheiro entraria no lugar dela: a escolha dos candidatos obedeceria ao critério da opulência. A afirmação, assim posta, comporta uma petição de princípio: dá por provado o que se quer demonstrar. Que a compra de votos existe, todos sabem. Poucos conhecem o seu mecanismo, mesmo quando clamem contra o poder econômico nos pleitos. Há o voto mercadoria, vendido pelo titular ou pelo cabo eleitoral, em moeda de contado. Com maior eficácia, existe o cerco mental, também comprável, expresso na propaganda. Aqui, a corrupção entra no território do engano.

Não seriam os dois processos idênticos, a compra e o cerco?

Ambos são imorais, mas não idênticos. A mercancia do voto é, não obstante a eventual amplitude, coativa: quem vende, entrega a mercadoria. O meio indireto de aplicar a moeda em eleições tem alcance mais extenso e menos garantido. Contra o meio mercadejado há a hipótese de contrapor a mesma espécie. Até aí, a propaganda eleitoral será ofício de ricos. A defesa maior não está, todavia, na concorrência, mas na comunicação primária e elementar da comunidade. Porque contava com as pequenas repúblicas, no modelo espartano, entendeu Rousseau que o povo não pode ser comprado. Essa a chave que afasta o erro lógico. Quando as comunidades se rompem, perdidas na massa, desorganizadas, o voto envolvido em pecúnia circula desembaraçadamente, confundindo as vontades.

Contra o tráfico direto, no balcão ambulante, não há remédio eficaz. Inúteis são as prevenções legais, que atacam o efeito, mas não erradicam a causa, a que está na desigualdade, onde a abastança afronta a miséria. O mal se circunscreveria, entretanto, aos pequenos grupos se impedida a propagação ao mercado por atacado. As organizações comunitárias seriam o meio certo para definir interesses de acordo com o bem público, ao qual o voto deve servir. Para conter os abusos da democracia representativa, volte-se ao abandonado arsenal da democracia direta. Por essa via, a participação, que é a essência da democracia, não se limita à temporada eleitoral. Utiliza as urnas, ao contrário, para expressar-se como governo e não como comunidade.

Ora direis, contra o poder econômico há a utopia. Essa utopia não está em lugar nenhum, mas funciona, com múltiplas variações, no mundo contemporâneo. Descobriram — ou melhor, estão no caminho da descoberta — muitas nações modernas, realmente contemporâneas, que a administração pública, confiada a distantes e impessoais agentes, é a forma mais ineficiente de governo. A segurança coletiva, entregue apenas à polícia, perde-se na repressão. A defesa ecológica, cedida aos burocratas, não protege a natureza, mas, ao contrário, gera burocracia. A previdência social, concentrada num monstro, um leviatã que tudo devora, perdeu o contato com o necessitado. Houve a ilusão de que os computadores, na cadeia de números e códigos, personalizariam a impessoalidade. Viu-se o que se vê: filas, mau atendimento, o povo tratado como gado. Se quisermos democratizar o país, será inútil partir dos grandes projetos — os projetos que são vendidos na feira das ilusões coletivas. Democracia é alguma coisa de mais modesta, utópica na sua modéstia, humanizando o que foi desumanizado pelo gigantismo da tecnocracia. Feche-se o círculo: o voto só é livre quando tem significação direta e concreta, nunca quando se perde no grande espetáculo do incompreensível, que é vendável.

O panorama visto da ponte

21/04/1987

A virtude de quem tudo pode evitará o colapso, por amor à virtude e não à fidelidade ao poder popular.

Uma semana de distância do país revela, no reencontro, a neurose nacional em delírio. Há sete dias, dizia-se que o *New York Times*, ao mencionar a hipótese — a hipótese, não a iminência — do golpe, perdeu o rumo. Hoje, um ministro militar gentilmente nos informa que ninguém pensa em golpe, o que, na manchete, ficou assim: "Militares não querem o golpe." A intervenção fardada, mais na interpretação do jornalista do que na palavra do ministro, passou a ser uma questão de "querer ou não querer". A virtude de quem tudo pode evitará o colapso, por amor à virtude e não à fidelidade ao poder popular.

Páginas adiante, o maior empresário brasileiro, recentemente escaldado pela política, sentenciou: "Os militares só devem ser chamados em casos extremos."[1] Exemplifica: em caso de guerra civil, conceito que ganha, no corpo da entrevista, elasticidade. "A situação", continua, "até certo ponto, é pior do que a de 1964. Mas cabe aos civis resolvê-la". Depois do preâmbulo, a advertência: "Essa imprudência [da extrema esquerda] pode trazer o retorno dos militares."

O diálogo dos grandes, dos que tudo podem, embora às vezes não queiram o que lhes permite a onipotência, se completa com outros debates. Os eruditos identificam e qualificam as crises, separando-as em categorias

---

· Tratava-se de Antônio Ermírio de Moraes.

diversas e impermeáveis. Não temem a crise econômica, sabem que a crise social é abafável, mas receiam a crise política. A classificação vale para dizer o que não se disse: se a inquietação chegar aos palácios, o momento é grave, "excessivamente grave", em reprodução da palavra do ministro da Finlândia, tal como comparece em *Os Maias*. Crise econômica, no entendimento dos entendidos, é o impasse que atinge os empresários, enquanto a "crise social" se circunscreve à arraia-miúda. Os dois focos, o econômico e o social, servem, na politicologia nativa, como detonadores, não para a mudança, senão para que os grandes ajam, antecipando-se às reivindicações que extravasem as cabinas de comando.

Dentro do nevoeiro, as luzes transitam ofuscadas, mas visíveis. Malogrou-se uma transação, que se mascarou de "transição". Outra "transição", dissimulando uma transação, está a caminho, monotonamente, saída da velha alfaiataria elegante. Na costura, há os fios ostensivos e os fios escondidos. Desta vez, tudo indica, o traje republicano será tecido pelos atores, outrora em cena, agora confinados nos bastidores. Os políticos têm a sua oportunidade, dentro do figurino estrito que eles não escolheram. O empresário lembra: a comunidade que se cuide da "extrema esquerda", que deve ser, senão controlada, banida do palco.

Que é, entretanto, a "extrema esquerda"? A pergunta tem pertinência, quando se sabe que, na hora atual, a esquerda abdica das teses esquerdistas, para evitar que a onda se avolume. A "extrema esquerda" se reduz, nessa equação cansada, a todos os grupos que supõem devam as mudanças alcançarem o território social e econômico. Se a "extrema esquerda" não existe, ou, existente, for débil, é preciso ampliá-la, tudo como se fez em 1937 e 1964. A receita é amarga e infalível.

O desfecho está às portas. Dois anos de falsas esperanças e de frustrações têm um preço, que vai ser cobrado. Cobrado de quem? Obviamente dos que não podem pagá-lo: dos empregados, dos pequenos empresários, dos agricultores. Quem trabalha e quem produz, numa estrutura secular e colonial, pré-capitalista, permanecerá à disposição, como sempre, dos que especulam, senhores dos juros e do dinheiro. Até quando?

Uma controvérsia póstuma

26/05/1987

> Constituição não é fonte de poder: ela é fonte de direito, o que é outra coisa. A fonte de poder é o povo.

No dia em que divulgaram os dados de uma pesquisa acerca da preferência popular de oito capitais do país — as maiores e as mais expressivas — sobre o mandato presidencial, deitou o indigitado uma fala indireta. A população ouvida declarou, em proporção de 80%, que deseja, pede e exige, antes de novembro de 1988, a eleição direta, restaurando a legitimidade tradicional do cargo. No Rio de Janeiro e no Recife, o eleitor não admite esperar sequer o término da Constituinte: quer já, agora, com urgência, depositar o voto na urna fechada. Em revide, o chefe do governo limitou o poder dos constituintes à fixação do mandato do futuro presidente. "O meu mandato" — o recado é do sr. Sarney — "já está definido pela atual Constituição, que é a fonte do poder constituinte".

De saída, o veículo escolhido para intimar a nação de sua vontade ou veleidade deve ter cumprido a missão com corado constrangimento. O consultor da República, agora eleito para papel de porta-voz de emergência, mostrou, em outros tempos, didaticamente, o erro da proposição a que deu curso. Ele escreveu, nas páginas do *Jornal do Brasil*, para esclarecimento dos leigos e regalo dos doutos, que "a Assembleia Nacional Constituinte tem o supremo poder de reduzir, alterar, extinguir o mandato do presidente da República ou de qualquer outro poder constituído". Sabe o intérprete, com a sabedoria que transmitiu outrora, que a Constituição não é fonte de poder: ela é fonte de direito, o que é outra coisa. A fonte de poder é o povo. O poder que deriva da Constituição e não do povo é um poder ilegítimo, sem autenticidade democrática. Ela só seria fonte do poder fraudado: o poder que derive de um arranjo, o arranjo que, sem consulta popular, alongue o mandato, como ocorreu com a outorga da emenda constitucional nº 1 de 1969, ou do "pacote de abril", de 1977. Os quatro anos da Constituição de 1967, que, bem ou mal, foi um ato constituinte, transitaram para cinco e, depois, para seis anos, por obra dos mistérios castrenses. No Poder Legislativo, não houve contágio da liberalidade. É falso, portanto, dizer-se que a redução de um mandato deva acarretar a dos outros. Os outros, a que se alude, não receberam um favor, uma graça, como o paradigma.

Os próximos dias, as próximas horas talvez — quem sabe antes da publicação desta crônica —, demonstrarão a face burlesca da queixa do Palácio do Planalto. Não se exclua a hipótese de que lavre, inflamada pela imprudência ou pela canhestra brincadeira na arte dos golpes, de um incêndio institucional. Como sempre, a vida imita a literatura. Um escritor velho, empenhado em desvendar os *arcana imperii* do subdesenvolvimento colonizado, contou a história de um homem que foi rei por acaso, ungido pela superstição dos indígenas. Montado no trono, passou a ser vítima de estranha alucinação, a alucinação de que o fortuito seria comandado por invisível providência. Por que ele e não outro? Por que teria sido trazido de longe, da obscura mediocridade para o domínio das montanhas, se não velasse, sobre ele e sobre o mundo, um deus caprichoso e arbitrário? O governo de empréstimo, mera alma exterior, conquistou o homem por dentro, para perdê-lo e para perder o reino. Kipling está hoje esquecido, devorado pelos preconceitos que animou, na euforia de um mundo morto, que se acreditou, entretanto, ser eterno. O ficcionista e a sua história continuam a vagar, na procura de um tempo extinto numa coordenada e vivo em outro trópico. Melhor: no mesmo trópico, mas em outro lugar, o lugar se chama absurdo, hoje a mais real das realidades políticas.

Está chegando a hora

09/06/1987

> As propostas estão na mesa: um grupo congressual e palaciano esboça um sistema revitalizado, que mistura o liberalismo exausto de 1946 com o autoritarismo de 1964, enquanto que, fora dos partidos cativos, o inconformismo ganha dimensões de revolta e de desencanto.

A "transição", fenômeno político e jurídico teoricamente formulado pelos constitucionalistas e não pelos papalvos indígenas que assumiram a palavra sem exame do conceito, chegou ao fim. Ela consiste, na palavra de um autor italiano, em obra de 1949, na passagem de um regime para outro na qual o poder constituinte originário se recobre com os mecanismos constituídos expirantes. Na sua rota preveem-se três desfechos: a mudança, o retorno neoconservador, e, como instância provisória, o impasse. Na realidade, o número três se reduz, em termo médio, a uma das alternativas: a mudança ou o retorno. Este último passo é o que está aí, no seu lance convulsivo. As propostas estão na mesa: um grupo congressual e palaciano esboça um sistema revitalizado, que mistura o liberalismo exausto de 1946 com o autoritarismo de 1964, enquanto que, fora dos partidos cativos, o inconformismo ganha dimensões de revolta e de desencanto.

O impasse, com toda a sua carga de imobilismo e manipulação demagógica, está no fim. Vai começar o terceiro e último ato da ópera bufa, outrora anunciada com o nome de "Nova República". Não houve, apesar do deslocamento de elites, uma substituição social de camadas sociais, com alternâncias de classes dominantes. Os grupos, em lugar de conquistar a hegemonia, se agregaram, justapostos e desconfiados, na partilha do poder, o arcaico poder composto de velharias e seduções. O delírio do Cruzado sugeriu, sempre no campo das veleidades, a direção dos empresários industriais sobre a banca, a que compreende o capital financeiro e o jogo especulativo. Em pouco tempo, tudo voltou, com maior densidade ao quartel de Abrantes, com as esporas em movimento nos bastidores. Depois da contradança, o vento reconquistou a direção antiga, com voz neossalazarista.

Há, apesar da ansiedade presidencial, um embargo no ar. O projeto, que se poderia chamar de "Projeto S. José de Pericumã", em homenagem à geografia maranhense, materializa-se por meio de um golpe de Estado. Depois de tantos golpes, mais um. Mais um que, como os outros, faria parte da rotina republicana. Desta vez, ao contrário de tantas outras, é visível a resistência popular, em outras ocasiões anestesiada. Este será um golpe contra todos, em nome de coisa alguma, sem nenhum programa, ainda que tácito.

Ninguém subestime, entretanto, a obstinação que se alimenta do amor pelo poder. Ela vive, medra, propaga-se na irracionalidade. Desamparada de "justificações" objetivas, invoca o "destino", os astros, a "missão" e outras chaves de que fala a literatura da psiquiatria política. Contra ela, a normalidade tem remédios eficazes, mas só são eficazes se aplicados a tempo. Na Itália, depois de 1945, em pleno espaço constituinte, houve alguma coisa de semelhante. Entre a mudança e o passado, interpunha-se a monarquia. Um ato constituinte dissolveu o impasse, com a consulta popular. Formalmente, com todas as ambiguidades de fundo, também aqui há uma temporada constituinte, dentro da qual e à custa de sua continuidade, o impasse terá fim. O instrumento, com a legitimidade democrática, existe: basta acioná-lo, com decisão e sem covardia. Fora daí, uma vez que é irrealizável a trama restauradora, entrarão em cena as fórmulas do alto, sintetizadas na manobra que recomenda "fazer a revolução antes que o povo a faça". Em outras palavras: não faltará quem peça aos generais para se pronunciarem antes dos capitães e aos capitães, antes das ruas. Também por aí se rasgaria a frágil teia constituinte.

A traição dos governadores

25/08/1987

> O vice, quando esquece as deficiências de sua faixa, envereda, ainda que bem-intencionado, no território da aventura, a aventura voluntária ou a involuntária, de alto preço para o país, sempre.

O termo é forte, talvez excessivamente forte. Que vá no significado de infidelidade, tal como o autoriza o Aurélio, sem trair a veemência de Ricardo II, o qual, no seu reino de muitos milhares, não encontrou um só vassalo disposto a defendê-lo, ao contrário do evangélico um por doze. A proposição política situa-se nas expectativas das últimas eleições, as de 1986. Morto Tancredo, empossado o vice, o eleitorado sucumbiu a um raciocínio evidente e necessário. Diante da vacuidade da Presidência, precariamente ocupada por uma ficção constitucional, seria necessário construir, atrás das linhas do governo federal uma extensa barreira de governadores, eventualmente capazes de conduzir e frear o inesperado inquilino. Falhou o intuitivo esquema. O chefe do governo, na verdade mero símbolo, enamorou-se das grandezas, perdendo-se os governadores em cálculos interesseiros de suas administrações, flexíveis a todas as pressões do Planalto. Essa é a traição, descarada e míope.

Os vices sofrem de uma tentação crônica. Eles estão em lugar de alguém, compasso de espera entre o imprevisto e outro ato do drama. A faixa que usam é, na verdade, uma arlequinada constitucional, que, imprudentemente usada, será uma arlequinada real. Sua legitimidade carece de densidade popular e histórica. A crônica é velha e inalterada. Está na regência, rompida com o "quero já" do imperador menino e está nos registros republicanos. Floriano, o primeiro vice a ocupar a cadeira presidencial, sentou-se sobre a guerra civil, perseguindo, pela via do "jacobinismo", uma ditadura impossível. Nilo Peçanha nada mais foi do que a ponte para que entrassem na fortaleza as tropas de Marechal Hermes. José Linhares, em 1945, cumpriu seu papel: nomeou todos seus amigos e parentes para gordas sinecuras. Café Filho e João Goulart são exemplares quase contemporâneos, sem esquecer o vice que não foi, Pedro Aleixo. O vice, quando esquece as deficiências de sua faixa, envereda, ainda que bem-intencionado, no território da aventura, a aventura voluntária ou a involuntária, de alto preço para o país, sempre.

O governo que aí está procurou ansiosamente sua justificação. Agarrou-se à "transição", ao mito infantil do "destino" (mistura de umbandismo e esperteza literata), à magia do Cruzado, com o subproduto da moratória e do bresserismo. No outro plano, o plano que ele sabe operar, "agradou" deputados e senadores, perfilou-se diante da farda, manejou e distribuiu verbas. Ele sabia que havia uma sólida linha na sua retaguarda. Esse foi, pela via indireta, o seu objetivo, soldado à conquista de um mandato mais longo.

Aqui entra a traição, com o perfil semântico abrandado. No rol dos estados há os dependentes, como São Paulo, Minas e Rio, talvez Rio Grande do Sul, e os mais dependentes, entre estes os rebeldes, como, sobretudo, Pernambuco. A tática começou pelos últimos, com um gesto de brincadeira, a malograda nomeação de um representante deles para o Ministério da Fazenda. O rebelde veio em seguida, minando-lhe o poder federal delegado, sediado na Sudene. Minas vergou aos ministérios, o Rio aos seus problemas, aumentados pela retórica eleitoral. Sobraria São Paulo, que não entendeu sua função nacional, numa demonstração de caipirismo anacrônico. Com a manobra, não foi a federação que sucumbiu, pois esta há muito tempo finou-se, mas o conteúdo da eleição de 1986. Como em 1991, uma entidade cresceu, não porque fosse grande mas porque diminuíram os que lhe estão por perto.

Transição: fim ou realização?

06/10/1987

> Os grupos dirigentes ajustaram-se, quando já inviável o sistema de 1964, para renová-lo, remendá-lo, modernizá-lo, sem tocar nos fundamentos da estrutura social e econômica.

Ainda que nada aconteça, em termos de reformulação governamental, um lance novo modificou o quadro político. Deu-se por findo o esquema sobre o qual foi montada a atual situação. A morte anunciada soou como se, no final deste ano de 1987, alguém, fúnebre e grave, comunicasse à nação o falecimento do senador Pinheiro Machado, com sessenta anos de atraso.

A "conciliação", que transitou dentro da chamada transição, realizou todas as suas potencialidades. Ela chega ao objetivo, não ao fim, fim no sentido de quebra ou interrupção. Os grupos dirigentes ajustaram-se, quando já inviável o sistema de 1964, para renová-lo, remendá-lo, modernizá-lo, sem tocar nos fundamentos da estrutura social e econômica. Formaram um "grupão", uma soma de emergências e salvados, que se depuraria, pela força de sua lógica constitutiva, num grupelho. O grupelho está definido, comandado pelo sr. Sarney, um herdeiro canhestro e incompetente, mas não infiel às origens. Feita a "conciliação", entre aspas mesmo, de nada mais serve o verbalismo que leva a grafia de transição. Banidas as teses, para efeito externo e palanqueiro, vocalizadas, volta-se à inspiração do acordo de 1984–1985, sem retórica, nuamente. É óbvio que nunca se volta ao ponto inicial, que 1964 não se reconstitui: a História não é uma repetição de clichês. Retorna-se ao início possível, às bases recobertas pela experiência e pelos reveses. Houve, quanto ao perfil biográfico das cúpulas, um alargamento dos sócios do clube, que ostentam modas recentes, libertos do peso das fardas. Isso e nada mais.

Na dinâmica passiva, resta uma interrogação ingênua. O "grupão", para se concertar e para vender sua mercadoria, lançou programas, fez comícios, concorridos e ruidosos, mobilizou as ruas. Abriu espaço a uma dinâmica ativa, que, no delírio, esboçou sua modesta utopia. Que fazer desse contingente, ontem desejado, hoje explosivo, tão explosivo que expulsou de sua presença o chefe do governo. O remanescente dos idos do começo da "Nova República" tem a capacidade de encher as urnas de votos, decepciona-se e protesta, quebrando os provisórios ídolos de uma jornada de mentiras. À realização da "conciliação" e, portanto, da transição, sucederá o remate.

O lance último está à vista, no qual se aperfeiçoam as afinidades inconscientes e semânticas. A "Nova República" está a um passo do Estado Novo, com os militares na retaguarda e, na vanguarda, um fantoche civil, que durará enquanto bem servir. O acabamento é, esteticamente, toda a obra. Nele reside o risco do malogro do edifício: o que foi projetado para ser um palácio poderá, com a falha na última pincelada, revelar-se um monstrengo. O ditador do dia 10 de novembro, um 10 de novembro que completará daqui a alguns dias 50 anos, seria, no dia 7, uma dúvida. Entre a véspera e o fato há muitas imponderabilidades, centradas na bisonhice do projeto de ditador. Por enquanto o ectoplasma está à procura do corpo, embora este esteja claramente desenhado.

Tudo indica que estamos às vésperas de algum acontecimento, um pífio, ordinário e pálido acontecimento, como convém ao tempo e aos medíocres personagens. A montanha está grávida. Se o rato não aparecer não será por falta de parteiros, mas pela pequenez da montanha. Montanha? Talvez montículo, ou o outeiro onde se instalou, na paisagem planaltina, um parque de diversões, insípido e grosseiro.

O fato e a farsa

03/11/1987

> Desencontraram-se os tempos: o tempo político continuou no passado, o tempo social procura novos rumos, para a frente, freado por aquele.

Entre a "abertura, lenta e segura" e a "transição", a diferença permaneceu na sombra semântica. A abertura obedecia a um controle autoritário, superior e soberano, que, desafiado, retornaria à sua origem, o Estado autocrático. Confiados na mudança social, dentro da qual se enquistava o imobilismo político, muitos setores da chamada sociedade civil embarcaram na abertura, para, rompendo-a, ainda que gradualmente, se instaurasse a transição. O passo entre uma e outra, como fenômenos políticos diversos, dependia da valorização crescente de forças autônomas, capazes de ultrapassar o esquema governamental. Em termos cronológicos: a partir de 1978, depois da revogação dos atos institucionais, capitaneados pelo de número 5, começaria a era da transição, com o arquivamento da abertura. Se o tempo fluísse sem impedimentos, o governo Figueiredo seria, desde logo, um anacronismo. Nada disso aconteceu. Houve o governo Figueiredo, imerso na abertura, que se prolongou no hesitante e desgraçado mandato de Sarney. De permeio, um único momento significativo, que se poderia caracterizar como se fosse uma autêntica transição: a campanha das Diretas. O que resultou da mobilização popular, todas as frustrações o identificaram. O tecido da abertura, compacto e invulnerável, utilizou-se das ruas para tramar um lance característico da abertura, com a eleição indireta, que não serviu à transição, mas ao prolongamento do passado, acomodados os políticos a uma situação que se quer eternizar. Quem quiser medir a diferença compare com o que houve em Portugal e na Espanha. Lá, o fim de Salazar, que se quis perpetuar no governo Marcelo Caetano, a agonia de Franco, que imaginou perdurar com Árias Navarro, decretaram o fim da abertura.

Seguiram-se as transições, rápidas, eficientes, fulminantes. Ninguém duvidou, apesar da diferença do processo nos dois países, de que houve uma ruptura, pactuada à ruptura na Espanha. Aqui, ao se sustentar que houve continuidade, não se entrou na transição, escamoteada na forma de convocação do Congresso Constituinte, com o reaproveitamento de todos os resíduos do regime decomposto, a começar pela chefia do governo. Não se poderia esperar, diante da conivência generalizada, que Sarney fosse diferente do que sempre foi. Ele foi posto onde está exatamente para ser o que é.

A afirmação do esquema conservador, lardeado de mentira, foi regressiva em política, em profunda e aguda assimetria social. A sociedade continuou a se reajustar, por sua conta, descrente das lideranças. Desencontraram-se os tempos: o tempo político continuou no passado, o tempo social procura novos rumos, para a frente, freado por aquele. Com um pouco de ingenuidade — talvez com o realismo que há na ingenuidade — pode-se dizer que entramos numa conjuntura revolucionária, aquela que todos não querem o que aí está.

O reencontro do ritmo não será agora, como seria em 1979, ajustável por meio de um compromisso. A ruptura, outrora escamoteada, volta à superfície, com a veemência das febres recobertas em aspirina, mas não curadas em suas causas. O pensamento democrático, quando é de fato democrático, conhece a medicina própria e eficiente. Ela está nas eleições, como nas eleições se dissolveu o impasse espanhol. Lembre-se que eleições e golpe são termos antitéticos, que se excluem, apesar do que andam a espalhar os golpistas que se ignoram. Eleições em profundidade, logo que promulgada a Constituinte, sem dó, nem pena.

A "transição" passiva

12/01/1988

A democracia pode ser o resultado da "democratização", mas não necessariamente.

1988: uma interrogação ou uma dúvida promissora. Haverá alguma estrela dentro do caos? Uma coisa é certa: o engodo, cultivado com ideológica malícia, mantido com ingênua astúcia, chega ao seu termo, ao seu fim. Fim, termo não querem dizer a instância derradeira. Significam simplesmente que o jogo deixou de ser uma incógnita. As ambiguidades se dissiparam, ou, em pouco, se dissiparão, traduzidas na linguagem crua dos interesses abertos. Os gatos não serão fatalmente pardos: cada um deverá escolher a cor que melhor serve à sua caça. Haverá, todavia, sempre à direita, um último véu, que dissimula, numa utopia, a escalada ao poder, esta sem nenhum véu.

Um exercício de anatomia expõe à luz do sol os esquemas mentais até agora vigilantemente encobertos. Saibam ou a ignorem, os explicadores políticos utilizaram o modelo, velho e gasto, da passagem da Revolução Francesa. Renovaram um debate, ouvido nos ecos de Burke, Joseph de Maistre, na melhor das hipóteses de Tocqueville, acerca da continuidade ou da ruptura do *Ancien Régime*. O anacronismo mental levou-os, não sem intenções equívocas, a esquecer o essencial. Com o atraso de dois séculos, não perceberam que a discussão é contemporânea, ensaiada e estudada na primeira parte deste século, na esteira da Revolução Russa de 1917, e da instalação da República de Weimar, em 1919.

A ciência política, com melhor acuidade do que a filosofia política dos séculos XVIII e XIX, trouxe à mesa outros conceitos, mais precisos e mais contemporâneos. Separe-se, como já se separou, sem servilismo semântico, a "democratização" da democracia. "A democratização" não significa necessariamente — escreveu-se em torno de 1920 — uma maior participação dos governados no poder. A democracia pode ser o resultado da "democratização", mas não necessariamente. Noto, desde logo, que o autor destas linhas não se chama Gramsci, mas um pensador que, não marxista, talvez o haja influenciado, em outro passo. A democratização é a transição, não em termos fictícios, na verdade sua característica mais saliente. Democratização houve quando se sublevou o Terceiro Estado, em 1789. Democratização existiu com a Revolução Russa. A democratização esteve presente com o surgimento da República de Weimar, em 1919. Modestamente, ela deu sinais de si em 1945, com o ostracismo de Vargas. Palidamente, ela frequentou a ascensão de Tancredo Neves. Em nenhum desses momentos, entretanto, a "democratização" amadureceu na democracia. No lugar da última, despontou a tirania militar, a burocracia despótica, o prólogo hitlerista, uma oligarquia renovada.[1]

As forças conservadoras criam, na democratização, uma caricatura democrática. Juram que, saindo-se do sufoco, entra-se, fatalmente, na democracia, fazem de uma estação de passagem o término da viagem. O campo é propício quando a "democratização", como entre nós e não sempre como aconteceu fora daqui, se faz do alto, dirigida de cima, mantendo um ritmo meramente político. Esta, tão conhecida nossa, é a "democratização passiva" (qualquer semelhança com a "revolução passiva" é uma adaptação de Gramsci. Aqui não há revolução nenhuma, nem sequer passiva). Para afirmá-la, há o ágil aproveitamento dos antagonismos sociais em voga. Está aí o clamor pelas eleições diretas? Não se faça a eleição direta, mas se aquartele o clamor numa fórmula, expedita e rendosa. Depois, com método e segurança, excluam-se do processo os autores do movimento popular, qualificando-os, no tempo oportuno, de "radicais", de "irrealistas", "anarquistas", "jacobinos", "xiitas".

---

[1] Ao levantar os teóricos e contextos políticos específicos, Faoro, no momento do texto, procurava destacar formulações e fatos históricos interpretados à luz de um conservadorismo de fundo. Isso quer dizer que, naqueles principais marcos históricos associados à ideologia democrática no tempo, as "forças conservadoras", mesmo que veladas, coordenavam os rumos teóricos da política, preenchendo o próprio sentido da democracia com o lastro oligárquico, para ele, constituinte das sociedades observadas.

A REPÚBLICA EM TRANSIÇÃO

De modo prático, sempre com a ajuda das colunas do edifício de outrora, forma-se a estrutura neoconservadora, não igual ao passado, mas sem descontinuidade, palavra-chave (a "continuidade") do calhordismo teórico. Em 1945, os militares, que haviam feito o Estado Novo, despediram Vargas. Entre 1964 e 1985 tentou-se o mesmo jogo, sem encontrar uma espora disponível e eficiente.

A coligação vencedora, ora em vias de firmar sua hegemonia, já tem suas bandeiras desfraldadas. O regime, nos termos verbais da nova Constituição, será "democrático". Os termos representativos e oligárquicos não mudarão.

A ideologia do sistema está despontando, perceptível nos empreiteiros do estatismo brasileiro, onipotente durante vinte anos, tecnocrático, pródigo, favorecedor de impérios que nasceram ao calor do Tesouro público. Por toda parte, os aprendizes do capitalismo prussiano clamam contra o Estado, acusam os seus sucessores de "socialismo": porque, gerindo a burocracia, pagaram as contas, as recentes e as atrasadas. Sobre a hipocrisia nasce a ideologia, com a bibliografia nova: o "libertarismo". Os profetas chamam-se Frederick Hayek e Milton Friedman. É certo que o "libertarismo", na mesma vertente conservadora, tem outra face, mais política, preocupada com os direitos do homem. Mas eles não mencionam Rothbard e Nozick, mas os outros, para os quais o mercado livre é tudo, na fronteira extrema do *laissez-faire*.

O mapa já está pronto. Resta saber se ele leva à mina prometida ou ao inesperado. Nas linhas e no meridiano, há uma incógnita, uma incógnita que se inquieta dentro da crise, terrível e incontrolável. Qual a misteriosa estratégia para domar o terremoto? É o que se verá, em 1988, com certeza.

A presidência sem presidente

27/06/1988

> Entre o que sobe e o que cai já há um pacto, escrito ou tácito, sujeito a traições, em virtude da regra que reza haver, na poltrona, lugares para alguns, não para todos.

O presidente exerce muitas funções dentro de um mesmo papel. Quando distribui condecorações e visita creches, ele é o chefe do Estado. Ao dirigir a administração, na qual reina e não governa, é o chefe do governo. Nos desfiles do 7 de Setembro, faz às vezes de comandante das Forças Armadas. Nas visitas ao exterior, especialmente diante do plenário da ONU, fala o primeiro diplomata. Nas negociações para aprovar os decretos-leis apresenta-se como o legislador-mor. Nas cinco representações, a nação conhece o ator, cujos recitais seguem o script da letra constitucional.

Nas máscaras está a instituição, colada ao rosto ou ao jaquetão de um homem. Está a presidência. Não o presidente. No regime presidencial, para que o quadro postiço e artificial ganhe relevo, cor e vivacidade, é necessário algo mais, o algo mais que constitui a essência do cargo. Sem essa qualidade, que está na base das demais, vegeta a coisa, não a realidade política. O pedestal chama-se liderança, que é mais do que a caneta, seja a caneta "fatídica" de Pedro II, também chamado de "Pedro banana", ou a "Montblanc" do esnobe, afidalgado pela bajulação.

Há um fosso entre o líder nacional e o centro da ficção, entre o estadista e o prefeito de gala. Um presidente sem liderança não é um presidente: é um presidente que, embora não saiba, já está morto, um presidente que nunca foi, um presidente que quer ser e não consegue, no processo contínuo da procura da hora e da vez. O ator recita texto, mas não convence a plateia e, menos ainda, os áulicos, os quais, na festa da sua impotência, imperam com a intriga, mandam fora das instituições, aconselham pelos pareceres sem cautelas.

O cargo está vazio, naquilo que lhe é substancial. As formas de reconhecer o fato são várias e historicamente férteis. Ora, um baile. Em outro momento, a renúncia, como a de Pedro I, abandonado, em São Cristóvão, pela tropa confraternizada ao povo. Existe também a marcha que vem de algum lugar, para se consagrar numa batalha, como a de Itararé, a maior batalha da América do Sul, a batalha que não houve. Não faltou também a "procissão", rica em muitos espetáculos no regime tutelado de 1946. Todos os desfechos são possíveis, só não se conhece o desfecho que seja também um movimento popular, neste país dos poucos, pelos poucos e para os poucos — poucos parvos, de vistas mesquinhas e espertíssimas.

O que está na origem das falsas tragédias, as que abalaram a festa, não a história, é a vacuidade do poder que se alterna, em regra para assumir uma forma pior do que a anterior. Uma sombra deixa o cenário, outra, entre foguetes, esperanças cobiçosas, ilusões cultivadas pela mídia controlada, em favor de outra sombra, tão ou mais voraz do que a anterior, que nem sequer espera a expulsão, desde logo acomodada à nova situação. Entre o que sobe e o que cai já há um pacto, escrito ou tácito, sujeito a traições, em virtude da regra que reza haver, na poltrona, lugares para alguns, não para todos.

Este é o ponto onde estamos. Existe uma vaga, dependente de um grito, seja o grito fardado que conserva ou o grito fardado que impõe o desquite, em geral amigável. Chegamos ao ponto final da farsa chamada "transição", coisa de paisanos dirigidos por militares, paisanos obedientes, perspicazes no olhar ao passado, despidos de projetos para o futuro, rumo à mudança, à sociedade nova. Em matéria de novo, bastam os nomes: novo e nova é tudo, basta o adjetivo, conservado o substantivo, no do país imutável, impermeável, opaco, de voo curto, mas de pouso certo.

Contra a conciliação

Entrevista a Maurício Dias

31/07/1985

Raymundo Faoro acha inúteis os pactos de Sarney, critica a fuga do PMDB ao seu compromisso reformista e só vê solução na Constituinte já.

Por mais pessimista que possa parecer, a constatação anunciada pelo jurista e historiador Raymundo Faoro pode ser favorável para o Brasil. "A conciliação fracassou", sustenta o ex-presidente do Conselho Federal da Ordem dos Advogados do Brasil. Ao apontar as contradições do governo, dos partidos políticos e dos empresários, Faoro demonstra que a articulação política que elegeu Tancredo Neves e que sustenta o governo de José Sarney é instável porque as verdadeiras demandas da sociedade não podem ser atendidas. Para ele, o velho expediente da conciliação, os arranjos de cúpula, as manobras eleitorais das lideranças políticas já não funcionam mais porque um país novo, urbano, trabalhador, industrializado rompeu os diques de contenção. Um único dado, dos tantos que ele verifica nos indicadores sociais do país, bastaria para arruinar, desta vez, a estratégia do poder oligárquico e aristocrático. Um contingente eleitoral superior à metade da população brasileira prepara-se para ir às urnas em 1986. E esse número de eleitores se iguala ao das nações europeias modernas.

As mudanças que Faoro identifica como capazes de resgatar a essência da crise por que o país atravessa poderiam vir — e ainda há tempo — no bojo da convocação de uma Assembleia Nacional Constituinte. "Não a que está sendo preparada aí", adverte. Essa, maculada pela realização simultânea de eleições parlamentares e podada na sua soberania, não deve trazer ilusões "aos verdadeiros democratas". Vai fracassar e, certamente, a Constituição costurada nessas circunstâncias será tão efêmera quanto as anteriores, que "tiveram o tempo de duração da geração de políticos que as preparou".

Desde que deixou a presidência da OAB, em 1979, consagrado pelo equilíbrio de suas ações e a intransigência em defesa do restabelecimento de uma ordem democrática, Faoro ganhou auditório cativo em todo o país. É rara a semana em que não recebe convites para palestras e debates, assim como raramente os repórteres deixam de procurá-lo. Além disso, ele se vê obrigado a selecionar as encomendas de artigos para jornais e arranjar tempo para a sua colaboração semanal na revista *Senhor* e para o exercício da advocacia cível. De dois meses para cá, há ainda os momentos de visita ao primeiro neto, Eduardo, que já arranca observações como esta do avô: "Ele tem uma admirável capacidade de meditação." Por sua vontade pessoal, Faoro não deixaria nunca o acanhado escritório de casa onde, quase soterrado pelos livros, passa as manhãs lendo e escrevendo. Ali ele elaborou, ainda em 1981, as primeiras teses sobre modos e meios de se convocar uma Assembleia Nacional Constituinte, soberana e democrática, encaixadas no livro *Constituinte: a legitimidade recuperada*, já em terceira edição.

Naquele momento, quando a importância de uma Constituinte legítima era percebida por poucos e ainda havia muitos que se proclamavam defensores de mudanças sociais e políticas no Brasil, essa proposta não foi chamada de "romântica" ou "idealista", como recentemente se manifestou para esconjurá-la um ex-"oposicionista autêntico", hoje encastelado no governo. "Esse romantismo eu assumo", responde Faoro, inspirado em *Romeu e Julieta*, de Shakespeare, que, ultimamente, ele ouve com frequência, conforme se deduz diante da fita cassete encostada num canto de sua mesa de trabalho. Quase escondendo a fita, uma pilha de livros sobre os militares e o militarismo revela o tema do livro que escreve por encomenda de uma editora paulista.

Antes do romantismo assumido, deve-se destacar a coragem de Raymundo Faoro, de cujas mãos saiu a primeira denúncia de tortura, documentada, publicada pelo jornal *O Globo*, cuja responsabilidade ele assumiu. O governo militar estranhou, protestou, mas engoliu o sapo quando esbarrou com a disposição de enfrentamento do então presidente da OAB.

A REPÚBLICA EM TRANSIÇÃO

Como sempre guardou prudente distância dos partidos, do governo e dos poderosos, há quem pondere que as propostas de Faoro desconhecem as dificuldades do ato de governar. Sem descartar a hipótese possível de que tais argumentos pretendem inocentar erros cometidos, é mais provável que as críticas desferidas por Faoro sejam resultado da sua exata compreensão do governo, a julgar por esta observação que ele faz: "O papel do governo quando vem da oposição não é o de se incorporar ao núcleo de D. João VI." Comentário alternativo e elegante para este velho axioma: "Nada mais parecido com um governista do que um oposicionista no poder."

"A consciência do político é o voto. Pelo voto é que vai perceber que a realidade dele não é a realidade social", costuma repetir Faoro ao chamar atenção para a "realidade das urnas" e a impossibilidade de que um acordo político, como o da Aliança Democrática, substitua a realização de eleições diretas para a presidência da República, como indicam as votações de 1974 que empurraram o governo militar para as eleições diretas nos governos estaduais em 1982. Muitas dessas teses, por sinal, eram simpáticas ao PMDB oposicionista, que absorveu pelos votos a insatisfação popular quando falava dos desmandos da administração anterior, de reformas, democracia e participação, mas que, ao chegar ao poder, não conseguiu ser coerente com esse discurso.

Por isso, Faoro acredita que somente um PMDB reformista, com sua identidade recuperada, é capaz de levar adiante as mudanças de que o país precisa. Se isso não ocorrer e diante do fracasso da estratégia de conciliação, caberá às correntes democráticas encontrar "outra estratégia". Caso isso não aconteça, é possível, então, que as entidades da sociedade civil como a OAB, a ABI, a Igreja, associações e sindicatos recuperem o espaço perdido pelos partidos, como ocorreu em anos recentes de ditadura. Estes são, em suma, os temas que Raymundo Faoro disseca nesta longa entrevista:

P — O sr. tem insistido na tese de uma Constituinte livre, soberana, democrática. Essa Constituição seria o coroamento de que tipo de sociedade brasileira?

R — Para a sociedade que está em formação, não a sociedade dos realistas, porque esta não existe mais. Penso numa sociedade que se está revelando em vários indicadores que aparecem muito claramente na conduta eleitoral. Note que, de 1962 para cá, nós tivemos um eleitorado que deu um recado e não foi entendido, quando votou em branco ou anulou o seu voto em proporções fantásticas até 1970. Depois deixou de anular o voto. Isso quer dizer alguma coisa e mostra que o regime de 1964 teve uma resistência além da resistência armada. Uma resistência eleitoral e popular muito consistente e ainda não analisada. Esse é, por sinal, o recado que deve ser levado para a Constituinte falsificada ou aguada como essa que vem e que, novamente, pode levar ao desencanto popular e ao voto em branco ou o voto nulo. Outro modo seria dispersar os votos por todos os partidos, quebrando a possibilidade de maioria. Foi essa participação eleitoral que inviabilizou o sistema de 1964. Ao perder em 1974, tiveram de partir para a mágica dos biônicos em 1978 e para as eleições diretas nos estados em 1982, que, por sua vez, indicavam o caminho da eleição direta para a presidência da República.

P — *O regime foi então inviabilizado eleitoralmente, pela participação popular?*

R — Foi uma inviabilização pacífica e quase que exemplar. Foi feita uma revolução e não se entendeu nada. A classe dominante e dirigente no Brasil está-se comportando como aquele personagem do Stendhal, o Fabrizio Del Dongo, em *A cartuxa de Parma*, que estava no meio da batalha de Waterloo e só soube mais tarde que, naquele dia, naquele momento, se travava a batalha mais importante da Europa e daquela parte do século. Ao não considerar esse recado eleitoral é que se montou essa proposta de Constituinte que vai fracassar. Assim como fracassou a Comissão Constitucional que está indo para o ridículo, que é a pior forma de fracasso. Está-se tentando uma série de pactos que são irreais. Talvez cheguemos, então, à única solução que é realmente a antecipação da Constituinte. Solução tida como fantasiosa e romântica. Se não ocorrer isso, provavelmente haverá uma rearticulação não dos remanescentes de 1964 como se quer por aí, mas uma rearticulação conservadora que procurará durar por mais tempo com toda essa sucata de um regime acabado. Será, então, uma mudança para alargar o condomínio do poder e não para transformá-lo.

A REPÚBLICA EM TRANSIÇÃO

P — O sr., em outra oportunidade, falou dos riscos de uma ruptura caso a Constituinte se tornasse uma desilusão democrática. Não há, aí, uma dose meio forte de pessimismo?

R — Eu não caracterizo ruptura como derramamento de sangue, convulsão nas ruas etc. Eu, por exemplo, considero violento o regime de 1964, assim como foi violento o regime de D. Pedro I no momento em que liquidou a Constituinte. Eu gostaria de meditar um pouco sobre essa tese da ruptura. Tem-se dito que a Constituinte só existe porque existe uma ruptura. Para excluir o debate teórico, eu citaria dois exemplos que mostram o contrário. A Constituinte Imperial, a primeira Constituinte do Brasil livre, foi convocada em junho de 1822 e não depois da Independência, que seria o evento ruptura. Qual era o projeto que existia articulado na vida política brasileira? Era o projeto dos liberais que, depois, foram vencidos e desapareceram da história dos vencedores.

P — O que pretendiam os liberais naquele tempo?

R — Fazer a transformação do Estado dentro da Constituinte. O que se chamou de ruptura, de independência, foi exatamente o oposto daquilo que pretendiam. Um Estado moderno que não fosse aristocrático. Essa mudança era proposta no projeto de revisão do problema agrário e da questão latifundiária. A propriedade não seria latifúndio e o trabalho não seria escravo, defendia essa corrente avançada onde despontava Evaristo da Veiga, o maior jornalista da época. Em *A Aurora Fluminense*, esse projeto está bem evidente. Esse projeto fracassou. Fracassou porque o evento Independência — a chamada ruptura, recorde-se — foi contra e impôs um sistema monárquico e aristocrático de poder. Tanto foi assim que a Constituinte convocada antes, e que se reuniu depois, no momento em que debateu exatamente esse problema, essa proposta, entendeu que devia debater a questão rei, a questão imperador, para saber se ele era ou não delegado do povo. Nesse momento, ela foi dissolvida. Veja, então, como essa história de ruptura tem uma falácia implícita.

P — Qual o outro exemplo na história do país que ilustra isso?

R — É uma questão que nunca foi bem investigada, embora seja até mais clara. A Constituinte de 1945 foi convocada por uma lei constitucional de fevereiro pelo ditador Getúlio Vargas. Ele percebeu, com o desenvolvimento da guerra, que aquele sistema chamado "Estado Novo" não funcionava mais naqueles moldes. Então, convocou o Parlamento para que fosse reformada a Constituição. Houve um movimento de rua muito grande, como se sabe, pedindo a Constituinte. Com Getúlio ou sem Getúlio. O movimento tomou tal vulto que o embaixador norte-americano no Brasil, Adolpho Berle, entrou no debate dizendo que a Constituinte deveria ser concomitante às eleições para presidente da República. Curiosamente, a mesma tese defendida pelo governador Brizola, hoje. Voltando ao Estado Novo, imagine que o autor da Carta de 1937, Francisco Campos, escreveu um artigo que está publicado no livro do Virgílio Mello Franco sobre 1945, onde ele dizia que a Constituição de 1937 estava caduca porque não tinha cumprido uma condição essencial de submissão ao plebiscito. Um jurista que naquele tempo tinha grande influência, o João Mangabeira, sustentou a mesma coisa. Também essa foi a posição da Ordem dos Advogados. O Tribunal Superior Eleitoral decidiu a questão no dia 12 de outubro de 1945, esclarecendo que a convocação foi feita para uma Constituinte que faria o que bem entendesse. No dia 27 de outubro foi deposto Vargas e assumiu o presidente do Supremo Tribunal Federal, José Linhares, que baixou a Lei Constitucional nº 13, considerando válida a decisão do Tribunal Superior Eleitoral.

P — *A decisão era pela soberania da Constituinte...*

R — Mas — havia um mas — ela deveria ser dividida em Câmara e Senado. Aí já foi feito um Congresso dentro da Constituinte. Houve perplexidade porque, pela Constituição de 1937, o Brasil não tinha Senado e sim um Conselho Federal. Adaptou-se: onde se lia Conselho Federal, leia-se Senado. Encontrou-se, dessa maneira, com o apoio da UDN e do PSD, a fórmula de transformar essa Constituinte, que era uma mudança social, política e jurídica, num trânsito do Estado Novo para o Estado liberal. Disso resultou que a Carta que saiu daí, a Constituição de 1946, conservou a essência do Estado Novo. Prevaleceu todo o sistema sindical, o sistema de relações de trabalho, manteve-se a situação de controle militar, a ordem política e, sobretudo, fez-se desse Congresso Constituinte o veículo para que aqueles interventores do Estado Novo viessem a se projetar no

A REPÚBLICA EM TRANSIÇÃO

novo regime. Enfim, criaram-se mecanismos para que o Estado Novo prosseguisse num novo regime. Foi o mesmo sistema utilizado em 1822 para que a corte portuguesa, a metrópole, o regime de D. João VI se projetassem no império brasileiro.

P — *A ruptura, segundo o sr., nesses dois casos, travou o avanço do processo político?*

R — A ruptura praticamente incorporou e falsificou o conceito dialético. A ruptura é tida, modernamente, como uma transformação quantitativa em qualitativa e vice-versa. Hegel dizia que esse processo é silencioso, geralmente não se percebe. Os exemplos que ele dava eram exemplos com um valor meramente analógico e não como realidade, ao contrário do que Engels supunha. Um exemplo é quando a água em ebulição passa a ser vapor ou se congela. Nesse momento a transformação é qualitativa e isso é que é a chamada ruptura. Nessa, não há nenhuma falácia.

P — *Essa proposta que o sr. faz de uma Constituinte, ao contrário da que foi proposta pelo governo dando poderes constitucionais ao Congresso a ser eleito em 1986, já foi chamada de romântica e idealista.*

R — Essa acusação de romantismo eu, de certa maneira, assumo. O que não percebo é quanto à sacralização que fazem do que existe. Eu penso que tudo o que existe agora foi, ontem, o provável, o condicional ou o irrealizável. Essa ideia de imutabilidade é que traduz um conceito conservador. É, na verdade, o medo da mudança. Devo dizer que estou acostumado a isso. Quando, em 1977, eu falava em *habeas corpus* e anistia, garantias da magistratura, demandas, como se vê, absolutamente modestas, fui advertido por muitas das pessoas que estão aí no cenário de que deveríamos seguir por caminhos mais condizentes com a realidade. Essa sacralização do *status quo* é que leva a esse realismo. Na verdade, um falso realismo.

P — *Há setores razoáveis no PMDB, por exemplo, que consideram posições como a sua um equívoco que favorece os conservadores que também estão insatisfeitos com o governo.*

R — Eu acho que essas observações desses setores têm um pressuposto envenenado que acaba negando o direito de crítica. A crítica sempre favorece porque leva a alguma consequência. A ideia é, também, envenenada por uma questão ética. Ela leva em conta a consequência e não a verdade. Essas restrições me parecem, por outro lado, absolutamente anacrônicas. Essa crítica poderia ser feita, por exemplo, quando havia o choque Maluf e Tancredo, e todo mundo sabe que, em muitos casos, o apoio a Tancredo foi por absoluta falta de alternativa. Acontece que essa direita, o regime autoritário, foi implodido com aquela aventura malsucedida, e, por isso, não vejo por que manter um foco conservador com receio de um outro mais conservador. Eu devolveria essa pergunta com outra: qual o meio de não reforçar os conservadores? Será o de não fazer o seu jogo realizando as reformas que eles não querem e não podem fazer? De outra maneira, quem faz o jogo deles é quem se refugia nessa desculpa. A situação anterior, o regime anterior, foi implodido em nome de uma mudança qualitativa de um reformismo que deve ser retomado.

P — *Por que o PMDB teria perdido essa perspectiva reformista?*

R — Eu acredito que a questão está dentro do fracasso, do malogro, da estratégia de conciliação. No momento em que se fez a conciliação o PMDB aderiu e, com ele, outros setores de esquerda. As lideranças acompanharam essa estratégia, mas não tiveram nada, com o recurso da conciliação, a oferecer às suas bases. O distanciamento entre o PMDB e suas bases foi-se tornando enorme, e, hoje, o que a gente nota são as bases desorientadas ou desiludidas e que estão, aflitivamente, procurando outras alternativas.

P — *Como se expressa concretamente essa falta de sintonia entre as lideranças e as bases partidárias?*

R — Na fórmula, na estrutura de poder que está aí, representada pelo presidente da República, que não tem nada a oferecer ao povo brasileiro, aos operários, aos camponeses, aos empresários. O que se oferece não se pode realizar, como a reforma agrária, que é um gesto sem condições de implementação. A Lei de Greve da qual o governo recuou diante da primeira reação. O projeto da Lei de Greve não tem nada a ver com o projeto de Constituinte proposto pelo mesmo governo.

A REPÚBLICA EM TRANSIÇÃO

P — *Por quê?*

R — Porque o governo se sentiu distanciado das bases e quis apresentar reformas que não contaram com o apoio das ruas, reformas sem sintonia com as bases. Foi aí que a conciliação fracassou, quando caminhou para um acordo de lideranças ou chefias e ofereceu à sociedade apenas algumas proposições místicas como "vamo-nos reunir", "vamo-nos congregar", "vamos fazer reformas", sem mobilização dos setores específicos. As lideranças, no momento em que se fecharam em si próprias, temeram, também, que as reformas modificassem as lideranças. O que, aliás, não aconteceria. As reformas modificariam os líderes, isso sim. A forma como está funcionando a conciliação é como se estivesse tudo certo, um presidente correto, cumprindo seus deveres burocráticos impecavelmente, cronologicamente ajustado, mas com um olho num relógio que está atrasado. Não se fez o exame do referencial relógio. O relógio está atrasado e com tendência muito grande para parar.

P — *Dentro dessa perspectiva, esse discurso do presidente não é um chamamento a uma nova organização de forças para superar esse impasse inicial?*

R — Ele apelou para o místico, não para a organização de forças. Ele apelou para o povo em geral. O povo em geral é uma entidade abstrata. Teria de apelar para as classes, para os partidos, para os grupos que dentro deles organizaram uma aliança de poder que supõe um conflito. No momento em que ele quis, armado numa fictícia conciliação, evitar o conflito e dizer que a situação terrível e caótica que está aí vai melhorar, ele estava fazendo um apelo ao nada. Ele quis evitar o confronto, mas não há possibilidades de evitar o confronto. A sociedade democrática é por essência conflituosa. De certa maneira, está-se voltando ao esquema autoritário, sem autoritarismo. Um esquema autoritário consensualmente estabelecido. É muito parecido com o que pretendeu fazer o Dutra em 1946 para reformar o Estado Novo e acabou não reformando muita coisa.

P — *Nesse discurso, o presidente cita até Joaquim Nabuco, num aparente entendimento da essência da questão da reforma agrária. O sr., ao abordar a questão agrária, tem com frequência citado Nabuco. Teria sido alguma inspiração?*

R — Eu reiteradamente, em vezes anteriores, tenho apresentado o esquema da abolição exatamente como reforma frustrada, como um modelo das reformas brasileiras, que são o contrário da reforma, o pretexto de se fazer a reforma. E, curiosamente, eu cito a frase de Nabuco tal como ela vem no discurso do presidente, e vem até fora de todo o contexto. Acontece que eu nunca usei essa frase entre aspas como está no discurso do presidente, porque eu não a identifiquei em nenhum texto do Nabuco. Eu utilizava aquela expressão como uma síntese das ideias do Nabuco, que eram ideias de se fazer com que abolição, emancipação significassem uma lei agrária, democratização do solo, era o que dizia Nabuco textualmente. E falava também em educação, mas repelia a ideia de a educação ser feita pelos antigos senhores. Falava em mercado de trabalho, que estava fechado. Mas aquela fórmula sintética que está no discurso do presidente, eu, realmente, nunca identifiquei nos escritos de Joaquim Nabuco. Suponho que o presidente e eu tenhamos apelado — eu antes e ele depois — para uma síntese. Agora, eu sempre tive o cuidado de não usar as aspas que ele usou. Eu até gostaria que me fosse indicada a fonte da frase, para que daqui por diante eu pudesse citá-la dessa maneira tão sintética.

P — *Ao falar desse modo de dominação política que as classes dirigentes brasileiras adotam, fazendo remissão a 1822 e a 1845, como similares ao mecanismo de agora, o sr. constata uma repetição de uma fórmula que tem dado certo?*

R — Isso está a significar não apenas a monotonia da repetição — está a significar que há uma estrutura de poder que não foi alterada. As reformas no Brasil ainda partem do pressuposto, quase de D. João VI, de que a reforma se dá. É aquele conselho do mais hábil dos ministros de D. João VI, quando surgiu aqui a notícia da Revolução do Porto e ele disse: "Olha, é melhor dar espontaneamente do que por contrato." Dar por contrato é uma humilhação e dar espontaneamente significa que, depois, pode-se retirar o que se deu. Então há um núcleo do poder independente da nacionalidade, como houve sempre um eleitorado fora da nacionalidade.

A REPÚBLICA EM TRANSIÇÃO 213

O eleitorado, até recentemente, estava fora da nacionalidade. Esse núcleo poderia conceder ou não conceder e essa maneira ainda persiste na política atual e persiste, sobretudo, no projeto, na estratégia da conciliação, que é a mesma coisa. O regime militar não foi outra coisa também, dando e retirando. Nesse caso, retirou mais do que deu.

P — *Quando o sr. fala do fracasso da estratégia de conciliação quer dizer, essencialmente, que fracassou pelo fato de tentarem uma reforma política quando, na verdade, a reforma é social?*

R — Nós devemos estar conscientes de que as coisas quando acontecem não são percebidas, raramente são percebidas. Essa falácia da história acontecendo porque se sabe que vai acontecer não existe. O setor político, em geral, é um setor retardatário, quer pelo lastro acumulado de sempre se considerar o poder como um fato de geração espontânea e não como uma representação. E, já que o político não se sente representativo e se sente capaz de obter, de conseguir, de arranjar um mandato, nesses verbos já existe a maneira de se relacionar. Ele não percebe, ele não sente, não tem a consciência das coisas. Quem leva essa preocupação, essa consciência política, ou são os setores populares, pelo seu desencanto, quando deixam de votar, quando conscientemente se organizam para isso, ou são intelectuais; é a chamada opinião pública, que está adquirindo uma independência que nunca teve até então, uma independência não por efeito de educação, esclarecimento de universidades, como insiste um certo elitismo por aí. Ele está conseguindo essa consciência por outros motivos. O motivo é que a população ativa aumentou, a nação passou a ser a nação trabalhadora incorporada ao processo de produção, o eleitorado quase que chegou ao nível dos países adiantados do mundo todo. Quando se chega a um eleitorado de 50% da população, se atinge o nível da Inglaterra. Vai haver um choque para os líderes, não para as lideranças, e esse choque só vai ser percebido depois do fato, não antes.

P — *Qual o seu sentimento pessoal ao defender teses inicialmente numa posição quase solitária, propostas aparentemente inexequíveis?*

R — O sentimento é, realmente, de grande solidão, sem dúvida nenhuma. Existe sempre uma franja de ridículo quando a gente afronta. Mas há, também, pessoas pelas quais temos respeito que veem isso com muita simpatia e meditam sobre isso. Essa sociedade submersa no Brasil, que não é a que aparece nos grandes meios de comunicação e nem é a que está nos partidos políticos dominantes, é que nos anima. Afinal, são bandeiras de luta que, depois, os partidos políticos se apropriam, estropiando-as. Enquanto entidade, foi a OAB, em 1977, a primeira a falar em Constituinte. No tempo, não fomos ridicularizados porque a ideia não era muito perigosa. Como ninguém acreditava, não se ridicularizava. Hoje, que a reação é maior — e a reação está em função da probabilidade da ideia —, o sentimento é de solidão.

P — Mas eu volto à questão do quadro partidário brasileiro. O PT, num impasse, o PMDB, sem conseguir conviver com suas diferenças internas...

R — De fato, a primeira observação que pode ser feita hoje é que todos os partidos estão perdendo e ninguém está ganhando. É uma coisa muito singular. O PMDB e alguns setores querem mobilizar a opinião pública lançando mão ainda do fantasma do Maluf. Mas esse fantasma já não assusta, desapareceu definitivamente. Tanto que eu tenho dúvidas se o Maluf conseguirá se eleger deputado federal em São Paulo. Ou seja, quando se tenta fazer a unidade partidária contra uma ameaça, isso já não se mostra mais possível.

P — Mas não há ainda o fantasma dos militares?

R — Nesse caso, é bom lembrar que eles se perderam de tal maneira no poder, demonstraram tantas deficiências, quer na conduta da honestidade com o dinheiro público, quer como administradores, que aquela afirmação dos militares de que governar é subordinar e quem não obedece é insubordinado fracassou completamente. Seria, no entanto, muito perigoso pensar que eles estão fora do jogo. Mas, no momento, eles não têm um fator de agregação. De forma que não há ameaças externas capazes de provocar a coesão dos partidos. Falta aos partidos uma fidelidade a programas que projetem alguma coisa para o futuro e não pensem mais no passado.

A REPÚBLICA EM TRANSIÇÃO

P — *Por que o espaço de dois anos entre a eleição de Tancredo e Sarney e a eleição da Constituinte é longo?*

R — Tão longo que o presidente Sarney fala nisso em discurso. Ele fala que tem de ocupar esse espaço e supõe que deva ocupá-lo com um pacto. Não passou pela cabeça dele a única solução que é a solução óbvia: antecipar a Constituinte. O que está implícito quando ele reconhece que há um espaço vazio entre sua posse e a Constituinte é que fracassou a política de conciliação.

P — *E, desta vez, por que fracassou?*

R — Porque foi uma política horizontal.

P — *Mas ela sempre foi horizontal e sempre deu certo.*

R — Mas o país mudou. Há dados que não foram levados em conta. A participação eleitoral, a população ativa, a industrialização, a população urbana como eu citei anteriormente. Diante desses dados, a conciliação fracassou e estão procurando, inutilmente, substitutivos. Primeiro, veio o pacto de partidos onde o presidente Sarney procurou um mito perdido: a posição arbitral que tinha Tancredo Neves. O Tancredo funcionava dentro desse grupo como um árbitro, com um peso muito grande. Um peso talvez tão grande quanto o de Getúlio em 1937. O presidente Sarney não tem significação própria politicamente. Ele está vivendo ainda como testamenteiro de Tancredo. Acontece que a herança já acabou e o presidente está procurando outros apoios horizontais. E tem fracassado. É inútil procurar esses apoios horizontais, quer de partidos, quer de governadores, dos ministros ou do Congresso. Ele está rodando dentro de um círculo da oligarquia reinante. A questão não está mais na oligarquia. Não tendo essa posição arbitral, o presidente se transforma numa figura estranhíssima na história política talvez do mundo todo: um presidente que preside e não governa. Com Tancredo, as águas corriam para ele. Com Sarney, as águas correm dele para a periferia. As eleições municipais, com Sarney, abalam a Aliança Democrática e tumultuam o processo para o presidente. A demora em convocar a Constituinte vai fazer com que essas forças políticas que o apoiam se desarticulem. Essa posição de árbitro Sarney não tem. Getúlio tinha e, provavelmente, foi o modelo não confessado de Tancredo.

P — *O sr., anteriormente, criticou a realização simultânea de eleições presidenciais com eleição constituinte, que é posição defendida pelo governador Brizola. Por quê?*

R — Essa proposta é, obviamente, oligárquica. Se o presidente influi tanto na Constituinte, mesmo tendo um mandato deficiente como o mandato atual, ele influiria infinitamente mais se eleito conjuntamente. A Constituinte estaria constrangida a podar qualquer poder que o presidente tivesse em excesso. Foi a dificuldade que teve a Constituinte convocada em 1822 e eleita em 1823 com o imperador D. Pedro I. Ela não conseguiu conviver com ele porque D. Pedro I dizia que a Constituição tinha de ser "digna" do Brasil e dele. Implicitamente foi o que disse o ex-presidente Dutra que se deu ao luxo de nem fazer uma comissão constitucional, nem fazer um anteprojeto ou de nomear algum líder. A autoridade dele vinha das urnas. O máximo que se conseguiu em 1945 foi uma partilha do poder. O Congresso ficou com o poder de legislar trocando favores, mas o presidente da República ficou incólume. Seria profundamente inibitório numa Constituinte eleita junto com o presidente da República que ela fizesse do regime presidencial, por exemplo, um regime parlamentarista. Não digo que isso vá acontecer, mas é uma possibilidade e, nesse caso, essa possibilidade estaria cortada. A Constituinte, por essa hipótese, não poderia fazer nada fora daquele programa que o presidente eleito levou para as ruas e que o eleitorado sancionou ao elegê-lo. O condicionamento seria muito maior. Foi por isso que o embaixador Berle, em 1945, pregou essa tese. E o Berle representava interesses bastante substanciais e bem claros no Brasil.

P — *Voltando ao governo Sarney: o sr. diria que ele corre o risco, em virtude do fracasso dessa estratégia, de entrar numa fase de instabilidade mais crítica?*

R — Ele está num processo bem acelerado de diluição da autoridade. Como eu disse, é um presidente que preside e não governa. Ele transferiu o governo para os ministros, inicialmente. Agora parece que procura

A REPÚBLICA EM TRANSIÇÃO

transferir para os governadores. Esse esquema horizontal cria uma concorrência, uma luta, entre ministros e governadores. E, nessa luta, o presidente some. Ou ele se submete ao resultado dessa luta, dessa coligação, ou caminha para o pior. Nesse caso, tentará buscar apoio fora da estrutura democrática, liberal e, projetadamente, constitucional. Há exemplos disso no passado. E o risco é muito grande. Além de tudo, num governo que transfere, que se dilui no ministério e nos governadores, a falta de comando político e jurídico baixa em todas as escalas. Com isso, as pessoas se sentem autorizadas a fazer as coisas pelas próprias mãos. Cada um vai procurar testar a sua força. É quase que um esquema pré-anárquico, e a anarquia não é boa para a democracia.

P — *O que, em sua opinião, limita a ação das elites brasileiras para questões tão aparentes como as que o sr. aponta?*

R — São velhos preconceitos que vieram com a corte de D. João VI. Eles estão usando expedientes que funcionaram sempre com muita eficiência. E algumas vezes com brilho. Houve jogadas na história do Brasil absolutamente brilhantes. Deslumbrariam qualquer cientista político no mundo todo.

P — *Quais, por exemplo?*

R — A Lei da Abolição. É um dos jogos mais brilhantes em toda a história do conservadorismo mundial. Havia um movimento que queria uma transformação social e não a emancipação pura e simples do escravo. Pretendia dar ao escravo, ao incorporá-lo à sociedade, a terra, o trabalho e a educação. Isso está na pregação de todos os abolicionistas do começo da campanha, inclusive na pregação do mais elegante deles todos, do rebento de uma classe dirigente que foi o Joaquim Nabuco. Ele é bastante explícito nisso. Os conservadores se apropriaram da ideia, emanciparam o escravo, em lei fulminante que, de uma oposição maciça, em poucos dias passou a ter quase a unanimidade. Mas o essencial ficou de fora. Tanto que, durante cem anos, não se falou mais em reforma agrária, que era a essência do movimento. Em relação à proteção ao trabalho, só se retomou o tema em 1930. Veja aí o brilho da manobra. Cedeu-se no secundário, que interessava ao proprietário — ele ficou livre da mercadoria inútil e onerosa — e não abriu mão de nada. Nem da terra nem do ônus tributário para um sistema de educação primária ou profissional que era importante no tempo. Eles se serviram da emigração e, sobretudo, dos ex-escravos aos quais pagavam salários vis. No meio disso houve até ironias de absoluta crueldade, que é a Lei dos Sexagenários. Uma manobra de grande êxito, brilhante, sem dúvida. Mas brilhante e possível porque havia um pacto de dominação que manipulava as reformas e que, atualmente, se evidencia como impossível. O que é possível é um pacto de associação, de entendimento. Desapareceu aquela instância decisória e reduzida que, de vez em quando, se dava ao luxo de eleger um árbitro.

Sem isso, a decisão tem de ser tomada com o povo, em relações conflituosas, necessariamente conflituosas.

P — Mas o que está travando esta transformação, esta modernização democrática nas relações políticas no País?

R — Essa transformação é sempre dolorosa, difícil; importa uma inovação criativa, no nível da inteligência, da imaginação. Mas importa também abandonar toda uma constelação de interesses. Isso quer dizer que não basta entrar no poder para se conservar nele. Este processo de cooptação chegou ao final. É necessário que, ao se entrar no poder, se mantenha íntegro o vínculo de representação. Isto significa quase que transformar o país num outro.

P — Nesta questão da representação, o sr. tem insistido na denúncia quanto ao desequilíbrio provocado pela legislação eleitoral. Ou seja, por mecanismos eleitorais, o peso do voto do eleitor do Piauí é bem maior do que o peso do voto do eleitor paulista, por exemplo, não?

R — Mas isso não se resolveria pela lei eleitoral. Este processo, na verdade, não foi montado durante a revolução de 1964. Isto remonta à Constituição de 1984, quando se fez a aliança do poder central com os setores mais obsoletos da economia e da sociedade brasileiras. Por este meio perpetuaram este mecanismo de dominação. Este processo permaneceu íntegro na Constituição de 1946 e, depois de 1964, criaram fórmulas *ad hoc* sempre que havia a perspectiva de o governo perder a eleição. Nesta aliança entraram os militares, o poder financeiro que está sempre embu-

A REPÚBLICA EM TRANSIÇÃO 219

tido no governo, os setores arcaicos e os grupos que pedem auxílio e que se aliam a quem pode auxiliá-los. Esse esquema desintegra uma ordem federativa. É o poder central que gira em círculos e dá favores. Não é por acaso que grande parte dos organismos governamentais é dirigida por nordestinos, tecnocratas e militares. A biografia pessoal, neste caso, é citada para mostrar como funciona o mecanismo deste poder que não é só eleitoral. E isto vai ser difícil de se desfazer.

P — *No Congresso cristalizou-se, então, uma das fontes da oligarquia brasileira, um entrave para as mudanças?*

R — É uma fonte feita pela representação distorcida, pelo coronelismo ainda vigente, pelo sistema eleitoral viciado e, sobretudo, pelo controle dos mecanismos econômico e financeiro, que alimentam as campanhas eleitorais.

P — *Mas por que não se instala, se a análise é correta, um conflito que fatalmente surgiria desta situação: os interesses de um país agrário prevalecendo sobre os interesses dos segmentos mais modernos do capitalismo brasileiro?*

R — Há indicações disto e houve outras no passado recente. Note, por exemplo, que a reação à ditadura surgiu daquele grupo de empresários paulistas. Eles são, teoricamente, adversos e o *Ancien Régime* acabou quando este conflito se instalou. Ocorre que o chamado capitalismo brasileiro está muito prisioneiro do Estado. Quando os industriais reclamam dos juros do sistema financeiro, eles estão defendendo os interesses e mostrando que o conflito existe. Mas não têm força para levar o conflito a sua equação maior.

P — *Existe um partido hoje que represente estes interesses industriais? O PMDB reformista, do qual o sr. fala, não seria um condutor próprio destas forças?*

R — Eu esperava que este papel não fosse representado pelo PMDB. Eu tinha a expectativa de que o PMDB representasse os setores operários e a classe média. Eu supunha que este papel fosse desempenhado pelo Partido da

Frente Liberal, o antigo PP, um partido de industriais independentes. Acontece que estamos diante de um capitalismo cuja independência é questionável, duvidosa. Mas os industriais, para serem independentes, procuram previamente o governo e não o voto. Daí as perplexidades deste partido, o PFL, que eu pensava ter sido criado para trazer à luz este conflito. Nós estamos diante de um capitalismo que nasceu politicamente orientado e não se emancipou disto. Em 1964, este capitalismo acompanhou o outro. Ele correu para o governo assustado com o conflito que poderia haver na área operária. Ele se deslocou na direção contrária à sua emancipação.

P — *Jango, na verdade, não significava nada mais que isso?*

R — Nada mais do que um governo onde o conflito foi claro. Um conflito que não tinha nada de revolucionário. Era um conflito modernizante.

P — *Mas este PMDB reformista existe mesmo?*

R — O PMDB nasceu e só foi viável quando, em 1974, recebeu simbolicamente este mandato popular com aquela vitória eleitoral. Foi uma votação mais contra os outros do que a favor do partido. Mas cabia aí entender a mensagem e se transformar internamente. Isso foi difícil e ainda não está provado que tenha sido feito. Talvez tenha acontecido um mal que acontece a todos os partidos, o mal de se "fechar". Uma dificuldade também vista no PT, que é um partido mínimo, mas que vê com ciúmes a aproximação de alguém de fora. Um vício também muito claro no PDT, que fala em "históricos" como se um partido fosse isso e não um organismo em crescimento e transformação. É a oligarquização própria dos partidos e particularíssima no Brasil.

P — *Mas o surgimento de um PMDB reformista, neste momento, não significaria o rompimento da Aliança Democrática?*

R — Veja que a Aliança só se mantém porque se manteve o espaço vazio. Ela está no lugar de alguma coisa e nada pode estar no lugar de uma eleição. Se os regimes português e espanhol não fossem sucedidos de eleições sucessivas, provavelmente teriam caminhado para um entendimento neofranquista, no caso da Espanha, ou neossalazarista em Portugal.

A REPÚBLICA EM TRANSIÇÃO

P — *As eleições recentes para a renovação dos diretórios do PMDB que vão escolher os candidatos a prefeito nas eleições municipais de novembro próximo deram a vitória, na maioria das cidades, aos setores mais conservadores do partido. Isto não abafa, por completo, a prevalência de um PMDB reformista?*

R — Os perdedores alegam que os vencedores tinham mais dinheiro. Eu receio, no entanto, que nesta objeção exista uma negativa de confessar a própria incompetência. Mas, se isto se consumar, o PMDB deverá partir para a dissidência ou para formar um outro partido. Ao se manter como frente, o partido estará sendo nocivo para a sociedade. O PMDB estará diante de uma opção que, aliás, deve fazer o quanto antes e, se fizer mais cedo, será melhor para a sociedade brasileira. Para levar adiante o processo de mudança, o partido deve encontrar as raízes da mudança social e articulá-la para que não cheguemos àquele ponto que o presidente Sarney chamou de "imprevisível". Não se pode sustentar este governo num retalho da política de conciliação que está esgotada. Com este retalho, eu acredito, o governo pode tentar controlar os sindicatos, os partidos, os governadores. Mas não conseguirá manter este controle se não atender aos fatores que, exatamente, instabilizam os partidos, os trabalhadores, os governadores. Não se pode prosseguir neste esquema de articulação política dissociando esta articulação da mudança social que está evidente e que precisa apenas de um estatuto institucional.

P — *Desde que foi lançada a proposta de criação de uma comissão de notáveis, o sr. colocou-se contra. Esta proposta veio mudando sob o peso das críticas e, agora, tornou-se uma comissão encarregada apenas de fornecer subsídios, pesquisas. Isto satisfaz a um projeto de Constituinte democrática?*

R — A comissão mudou semanticamente. Mas, em essência, ela não pode mudar, pois, do contrário, seria absolutamente inútil. Não é possível que se reúnam tantas pessoas eminentes, ilustres, para se fazer meramente um estudo constitucional. Estudo constitucional é matéria de universidade, de entidades da sociedade civil, dos partidos, e não do governo. Se o governo faz um estudo constitucional, há de ser para alguma finalidade, algum objetivo. O objetivo inicial parecia ser inspirado no modelo de 1889. Naquela época, foi organizado um anteprojeto e posto em execução.

Significou uma outorga parcial da Constituição. Em 1932, quando se convocou a Constituinte, falou-se, também, que uma comissão presidida pelo ministro da Justiça organizaria um anteprojeto. Realmente, este anteprojeto foi organizado e, posteriormente, enviado à Constituinte. Um dos deputados mais significativos da Constituinte de 34, o deputado e depois ministro Odilo Braga, um homem eminente, criticou esta comissão pela sua falta de independência ao anotar que ela tinha sido cativa ou sugerida pelo Executivo. Criticou o próprio princípio como se critica agora. Portanto, se a comissão é apenas para fazer um estudo ela não tem sentido e, se é para organizar um anteprojeto, mesmo com variações semânticas, ela fere a soberania da Constituinte.

P — *Esta era a ideia inicial do doutor Tancredo Neves?*

R — Eu acredito que esta era a ideia do dr. Tancredo e bem caracterizada no uso de três verbos que ele fazia. Ele dizia que a Constituinte deveria reorganizar o ordenamento jurídico, auscultando a sociedade civil, colhendo sugestões e negociando, entre aspas, com as lideranças de todos os setores. De forma que o projeto de Tancredo Neves era, exatamente, o projeto de Getúlio em 1932. Não havia nenhuma diferença. Em virtude da crítica que sofreu essa comissão é que se criou essa fórmula bastante vaga, vaga na palavra, na significativa, no texto, que em seu artigo 2º diz: "A comissão desenvolverá pesquisas e estudos fundamentais no interesse da Nação brasileira para futura colaboração aos trabalhos da Assembleia Nacional Constituinte." Essa futura colaboração dá no mesmo que um anteprojeto. A variação aí é meramente de palavras. Quer dizer, se quis então fugir da crítica por meio de um salto retórico. O subterfúgio é evidente e até no "considerando" no decreto quase que está confessado isso. Quem deve "auscultar a vontade popular", como diz o decreto, é o candidato que for eleito para o Conselho, não é a elite nomeada. O que esta comissão fez foi uma nomeação de elites e se criou um grande rumor em torno da crítica que foi feita. Não tanto por mim, mas pelo presidente da Ordem dos Advogados, por exemplo. Ninguém nega, nem o presidente da OAB, que existem pessoas desiguais. Desiguais pela fortuna, pelo talento, pela inteligência. O que se está questionando é se esta desigualdade confere o poder de governar. Poder próprio e não decorrente da eleição. Aliás, é um questionamento que não vem de hoje, vem do século XVIII. Questionou-se sempre que a desigualdade por si só não dá o poder político. Então é isto que se diz quando se critica o elitismo da comissão da Constituinte. Não se quer igualar os desiguais, isso seria irrealismo. Precisamos reconhecer a verdade. O que se quer dizer é que, pelo fato de serem desiguais, os desiguais não têm o direito de estabelecer um pacto de dominação, porque eles, desiguais por decreto do presidente da República, impõem este texto, esta norma jurídica.

P — *A proposta de uma Constituinte democrática, soberana, popular, já recebeu a pecha de idealista sob o argumento de que elaborar leis, a Constituição, é tarefa para especialistas e não para o povo.*

R — Este é outro anacronismo da política brasileira que insiste em achar que o povo não deve participar. Mas existe uma coisa pior, nesta observação, que é supor que nós estejamos dizendo que o povo, esse conjunto, essa entidade abstrata, empunhará uma caneta e escreverá o texto da Constituição. Isto me lembra muito um presidente da República portuguesa que esteve no Brasil. Perguntaram a ele onde ele tinha nascido. Ele responde: "Numa aldeia." O repórter perguntou: "Mas o senhor não nasceu em Portugal?" "Não", disse ele, "eu não nasci em todo o Portugal. Afinal, eu não tenho tanta importância assim. Quem nasceu em todo o Portugal foi Camões. Eu nasci apenas num quarto de casa". É mais ou menos a resposta que eu daria para o preconceito contra a participação do povo. Esta impugnação é a negativa do povo, por seus representantes, em fazer a Constituição. O que a objeção quer dizer é que a Constituição deve ser dada ao povo por especialistas.

P — *Este impasse, criado pelo fracasso da conciliação, poderia ser um fator de agregação dos setores conservadores?*

R — Pode levar a isto se for um processo mais demorado. Mas virão os conservadores de novo estilo e estabelecendo um condomínio mais amplo no poder, onde haja lugar para a cooptação de muitos oposicionistas indignados até certo tempo atrás. E, aí, poderíamos identificar que a indignação deles, provavelmente, girava em torno do que julgavam ter direito.

Este livro foi composto na tipografia Minion
Pro, em corpo 11/15, e impresso em
papel off-white no Sistema Cameron da
Divisão Gráfica da Distribuidora Record.